Chinesisches Origami

David Mitchell

Fleurus Idee is an imprint of
Fleurus Verlag GmbH

Übersetzung aus dem Englischen:
Ursula Fethke

ISBN 978-3-89717-444-3

Printed in China

10 9 8 7 6 5 4 3 2 1

Inhalt

Chinesisches Origami

Das Papier ist eine chinesische Erfindung. 105 n. Chr. soll es von T'sai Lun erfunden worden sein, einem hochrangigen Beamten am Hof von Kaiser Yuan Hsing. Sein Papier bestand aus Fasern von Rinde, Lumpen und alten Fischernetzen und diente als Schreibgrundlage. Für diesen Zweck verwendeten die Chinesen übrigens auch andere Materialien, wie zum Beispiel flach geklopfte Bambusstreifen.

Das Papierfalten ist vermutlich fast genauso alt wie das Papier selbst. Zunächst praktizierte man wahrscheinlich eine Art zweckgebundenes Alltagsorigami, etwa zum Verbergen von Briefinhalten. Das chinesische Papierfalten, das auf Mandarin „zhezhi" heißt, entwickelte sich ursprünglich im Rahmen religiöser Zeremonien. Hauptsächlich wurden Yuen bao und andere Objekte gefaltet, die man bei Bestattungen oder zu Ehren der Ahnen verbrannte. In diesem Buch finden Sie mehrere Beispiele für Yuen bao. Daneben entwickelte sich das Falten von Glückstieren, wie Frosch, Hase, Goldfisch und Schildkröte, das ebenfalls traditionell, aber wahrscheinlich jüngeren Ursprungs ist.

Zwangsläufig beeinflussten sich die chinesische und die japanische Tradition des Papierfaltens sowie die Traditionen vieler anderer

Länder gegenseitig. Wo das Papierfalten und einzelne Modelle nun ihren Ursprung nahmen, lässt sich nicht mit absoluter Sicherheit sagen. Ebenso wenig können wir das Alter traditioneller Modelle bestimmen. Anhand der verfügbaren Information lassen sich bestenfalls Vermutungen anstellen. Die Hinweise, über die wir verfügen, zeugen jedoch von einer reichen, dynamischen und ausgeprägten Tradition des Papierfaltens sowohl in China selbst wie auch in den chinesischen Gemeinschaften weltweit.

Ein besonderes Charakteristikum der chinesischen Tradition des Papierfaltens besteht darin, dass viele Modelle erst flach gefaltet und dann zu einer dreidimensionalen Form auseinander gezogen oder aufgeblasen werden. Nahezu die Hälfte der in diesem Buch präsentierten Modelle zählt zu diesem Typus. Das wirft die faszinierende Frage auf, ob einige der berühmtesten traditionellen Faltungen dieser Art vielleicht chinesischen Ursprungs sind, wie etwa die Wasserbombe oder der Kranich, die doch eigentlich als japanische Modelle gelten.

Auf das chinesische Papierfalten wurde der Westen erstmals 1948 mit der Veröffentlichung des Buches „The Art of Chinese Paper Folding" aufmerksam. Die Verfasserin Maying Soong wuchs in einer chinesischen Bankiersfamilie in Schanghai auf. Nach der Machtübernahme der Kommunisten ging sie in die USA, wo sie einen Schwager des nationalchinesischen Führers Chiang Kai-shek heiratete. Ihr Buch stellt eigene und traditionelle Modelle vor, wobei die Trennung nicht immer klar ist. So gilt die Pagode (*siehe Seite 22*) allgemein als traditionelles Modell.

Was wir heute über „zhezhi" wissen, beruht größtenteils auf dem Engagement und dem Enthusiasmus von Philip Shen. Ihm zu Ehren habe ich mit dem Omega-Stern (*siehe Seite 50*) eines seiner eleganten Modelle aufgenommen. Der Stern veranschaulicht, dass die chinesische Tradition des Papierfaltens weiterhin höchst lebendig ist.

Chinesisches Papier

Glückspapier

In China wird bei einer Bestattung oder an wichtigen Feiertagen zu Ehren der Ahnen Glückspapier verbrannt, eine Art Papiergeld. Durch das Verbrennen ermöglicht man den Verstorbenen auch im Jenseits Wohlstand.

Papiergeld wurde in China erstmals unter Kaiser Kao Tsung (650-683 n. Chr.) verwendet. Unter Kaiser K'ai Yuan (713-719 n. Chr.) begann der Hofbeamte Wang Yu, bei kaiserlichen Zeremonien nachgemachtes Geld zu verbrennen. Schnell wurde dieser Brauch in allen Gesellschaftsschichten populär.

Auch heute noch ähnelt Glückspapier oft altem chinesischem Papiergeld. Im Allgemeinen zeigt es Glückssymbole und in der Mitte einen kleinen quadratischen Goldaufdruck. Auch modernere Äquivalente wie *Höllengeld* und *Himmelsgeld* sind in den chinesischen Gemeinschaften weltweit verbreitet.

Da gebündeltes Papier nicht gut brennt, wird Glückspapier vor dem Verbrennen normalerweise in der Mitte gefaltet. Manchmal faltet man es auch in komplexeren Formen, den Yuen Bao.

Yuen bao

Yuen bao waren kleine Barren aus Silber oder manchmal auch aus Gold. Vor der Erfindung von Papiergeld wurden sie in China als Zahlungsmittel verwendet. Yuen-Bao-Origami sind aus Glückspapier gefaltete Nachbildungen dieser Goldbarren und werden ebenso wie Glückspapier bei feierlichen Anlässen verbrannt. Typisch für Yuen-Bao-Origami ist die Weise, wie die Form erst flach gefaltet und dann in der Mitte dreidimensional auseinander gezogen wird. In diesem Buch finden Sie mehrere Beispiele für dieses typische Merkmal der chinesischen Papierfaltkunst.

In Städten mit chinesischen Bevölkerungsgruppen bieten Läden goldfarbigen Karton an. Frühlingsrolle und chinesische Teigtaschen gelten ebenfalls als Nachbildungen von *yuen bao*.

Über das Faltmaterial

Dieses Set beinhaltet die folgenden Materialien:

Rote Umschläge

Rote Umschläge oder *hong bao* sind für Geldgeschenke gedacht und werden traditionell bei Festen den jüngeren Familienmitgliedern überreicht. Auch beim chinesischen Neujahrsfest kommen sie zum Einsatz. Die Farbe Rot symbolisiert Glück.

Höllengeld

Höllengeld ist eine Art Glückspapier, das bei Bestattungen oder zu Ehren der Familienahnen verbrannt wird. Auf der Vorderseite der Geldscheine ist Kaiser Qin abgebildet, der als Höllengebieter gilt. Das Gebäude auf der Rückseite stellt die Höllenbank dar, wo das Konto geführt wird, das sich durch das Verbrennen der Geldscheine auffüllt. Das Wort *Hölle* hat hier nicht den negativen Unterton wie im Westen. Die Chinesen übernahmen es von den christlichen Missionaren in der einfachen Bedeutung von Jenseits.

Diesem Set liegen 30 Höllenbanknoten bei. Davon können 27 für die Lotusblüte (*siehe Seite 58*) und die restlichen drei für das Yuen Bao (*siehe Seite 18*) verwendet werden.

Himmelsgeld

Weil der Begriff *Höllengeld* bei uns negativ besetzt ist, hat man für den westlichen Markt *Himmelsgeld* hergestellt. Die 30 Himmelsbanknoten in diesem Set lassen sich für ein attraktives Dekoelement verwenden. Es ähnelt dem aus roten Umschlägen gefertigten Neujahrsschmuck, ist aber etwas komplexer.

Origamibogen

Dieses Set umfasst ebenfalls 30 Blatt quadratische Origamibogen, die mit Päonien, Drachen und Phönixen bedruckt sind. Die Päonie ist ein Glückssymbol, der Drachen symbolisiert Kraft und langes Leben, während der Phönix für Macht und Wohlstand steht. Die Origamibogen kann man für alle weiteren Modelle in diesem Buch verwenden.

Die Diagramme lesen

Origamidiagramme können zuerst etwas abschreckend wirken, aber mit etwas Gewöhnung lassen sie sich leicht lesen. Hier finden Sie einige Tipps, wie man sie sich schneller einprägt:

Die Diagramme bestehen aus einer Folge von Vorher- und Nachher-Darstellungen, sodass die einzelnen Schritte beim Faltprozess gut nachzuvollziehen sind.

Vor dem Falten betrachten Sie am besten das nächste Bild. So sehen Sie, wie das Ergebnis der Faltung aussehen soll. Wenn Ihr Ergebnis anders aussieht als auf dem Diagramm, machen Sie den Faltgang wieder rückgängig und suchen den Fehler.

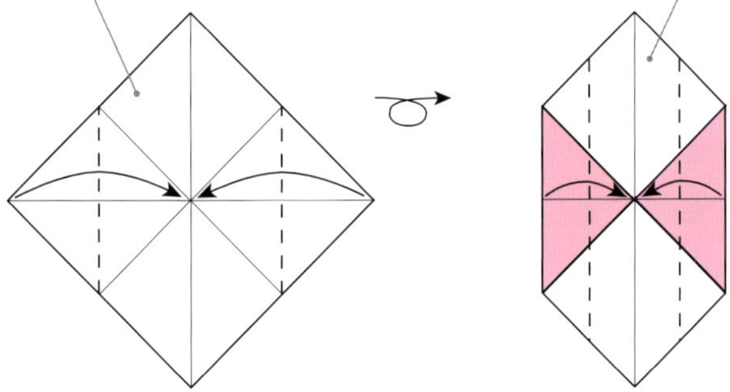

4. Falten Sie die Ecken zur Mitte, streichen Sie die Falze aus und öffnen Sie wieder.

5. Falten Sie die Ecken zur Mitte.

Bei jedem Bild finden Sie einen Erklärungstext. Lesen Sie ihn und sehen Sie sich dabei die Faltsymbole an.

> **TIPP**
> Die Modelle am Buchanfang sind generell leichter zu falten als jene am Ende des Buches.

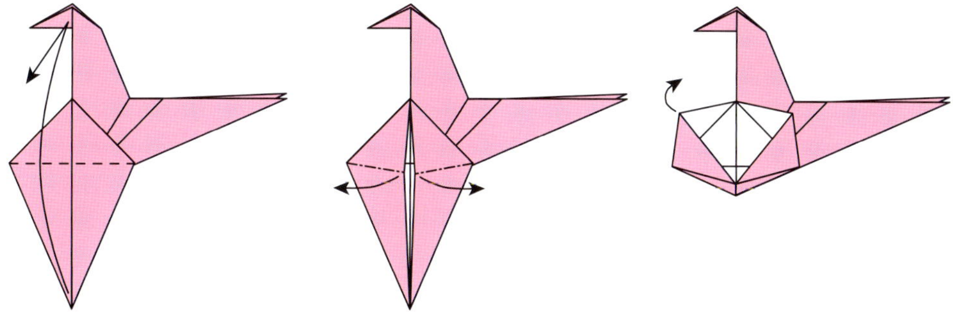

Die meisten Bilder – mit Ausnahme des ersten und des letzten – sind gleichzeitig Vorher- und Nachher-Darstellungen. Sie zeigen, wie das Ergebnis der vorhergehenden Faltung aussieht und wie der folgende Faltgang ausgeübt wird.

Sobald Ihnen die Faltung klar ist, können Sie das Papier ruhig drehen, sodass Sie es bequem falten können. Jeder faltet auf seine eigene Weise.

Bevor Sie weitermachen, legen Sie Ihr Papier wie bei der Nachher-Darstellung hin und prüfen, ob die Faltung korrekt ausgeführt wurde.

Streichen Sie den Falz fest mit dem Fingernagel oder einem harten, gerundeten Gegenstand aus. Gut geeignet sind zum Beispiel die Griffe einer kleinen Schere.

Lesen Sie die Erläuterungen zu den Faltsymbolen auf der nächsten Doppelseite, bevor Sie mit dem Falten beginnen.

Das Häschen (*Seite 34*) und der Goldfisch (*Seite 38*) haben sich aus der Wasserbombe entwickelt. Dieses traditionelle Modell hat möglicherweise seinen Ursprung in China, allerdings gibt es keine eindeutigen Belege dafür. Die Wasserbombe hat die Form eines leicht gerundeten Würfels und wird durch ein Löchlein oben aufgeblasen. Um sie herzustellen, falten Sie die Schritte 1 bis 10 des Aufblashäschens, wenden danach das Papier und wiederholen die Schritte 7 bis 10 mit der Rückseite.

Erläuterung der Symbole

Die Papierkanten sind als durchgezogene, dicke Linien dargestellt.

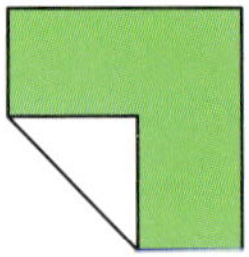

An der Papierfarbe können Sie Vorder- und Rückseite voneinander unterscheiden.

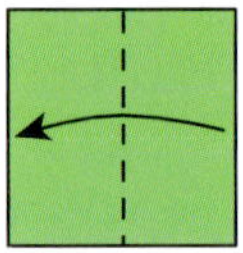

Eine Faltanleitung besteht aus einem Pfeil und aus einer Strichlinie für den Falz.

Der Pfeil verdeutlicht, in welche Richtung gefaltet wird.

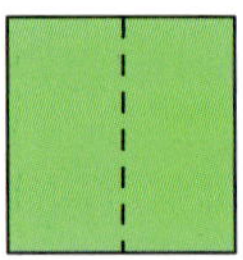

Die Strichlinie zeigt an, wo der Falz entsteht, wenn nach vorn gefaltet wird.

Wenn die Papierkanten exakt aufeinander zu liegen kommen, wird dies so dargestellt.

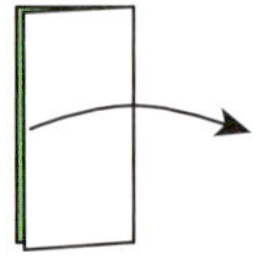

Ein Pfeil ohne Strichlinie bedeutet, dass Sie die Form in der angegebenen Richtung wieder öffnen.

Dünne Linien stehen für einen bereits ausgestrichenen Falz.

Bei dieser Pfeilversion falten Sie erst, streichen den Falz aus und öffnen die Form dann wieder.

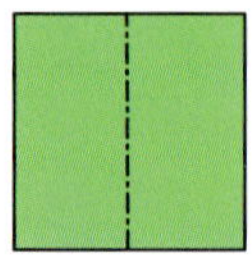

Eine Strich-Punkt-Linie bedeutet, dass Sie nach hinten falten.

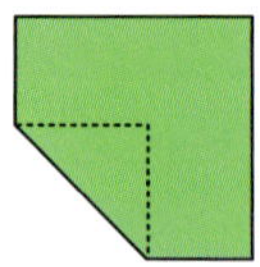

Punktlinien stehen für verdeckte oder gedachte Linien.

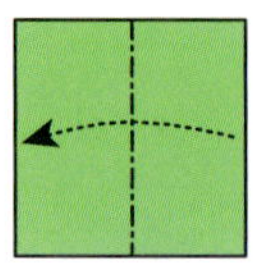

Bei Pfeilen mit Punktlinie wird unter eine oder mehrere Papierlagen gefaltet.

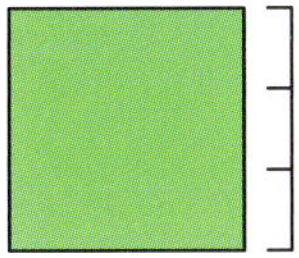

Dieses Symbol bedeutet, dass die Kante in mehrere gleich große Abschnitte geteilt wird. Dies hilft, den Falz richtig zu setzen.

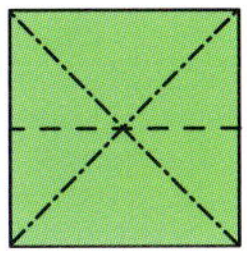

Eine Strichkombination veranschaulicht, wie das Papier anhand bestehender Falze in eine andere Form gebracht wird.

Bei diesem Symbol drücken Sie leicht in Pfeilrichtung auf das Papier.

Bei diesem Symbol ziehen Sie das Papier vorsichtig in Pfeilrichtung.

Bei diesem Symbol wenden Sie die Form.

R

Bei diesem Symbol wiederholen Sie eine bereits an anderer Stelle durchgeführte Faltung.

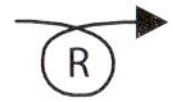

Bei dieser Symbolkombination wenden Sie die Form und wiederholen die Faltung.

Dieses Symbol bedeutet, dass das folgende Diagramm vergrößert ist.

Dieses Symbol bedeutet, dass das folgende Diagramm die Form aus einem veränderten Blickwinkel zeigt.

Mit einem Kreis wird ein wichtiger Ausschnitt betont, auf den Sie beim Falten besonders achten müssen.

Bei diesem Symbol drehen Sie die Form, bis sie wie das folgende Diagramm zu liegen kommt.

Bei dieser Symbolkombination drehen Sie die Form und wiederholen die Faltung.

Die Modelle

Dschunkenschachtel

Die Dschunkenschachtel ist eine Variante der herkömmlichen Origamischachtel, die Maying Soong 1948 in ihrem Buch The Art of Chinese Paper Folding *veröffentlichte.*

Die Dschunkenschachtel ist eine einfache und attraktive Form für Einsteiger. Sie lässt sich problemlos falten und schließt mit einem schönen Faltgang ab, mit dem die Schachtel in Form gezogen wird. Die Dschunkenschachtel ist nicht einfach nur ein praktischer Behälter, in dem man allen möglichen Krimskrams aufbewahren kann – sie lässt sich außerdem in eine chinesische Dschunke verwandeln. Die Anleitung hierfür finden Sie auf den Seiten 70–73.

Material
Ein quadratischer Papierbogen.

Die weiße Seite des Bogens weist zu Beginn nach oben.

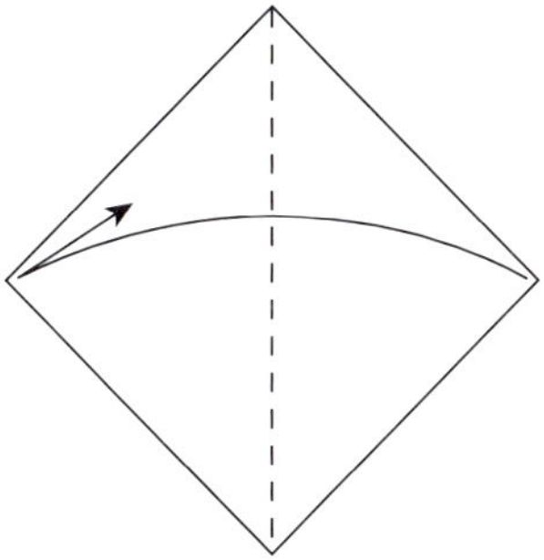

1. Falten Sie diagonal und öffnen Sie wieder.

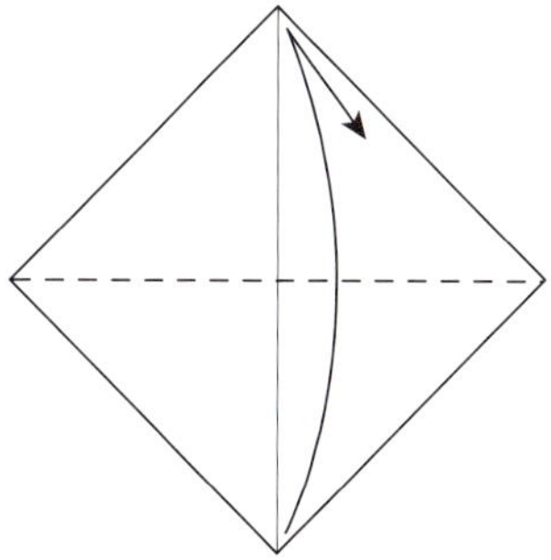

2. Falten Sie in der anderen Diagonalen und öffnen Sie wieder.

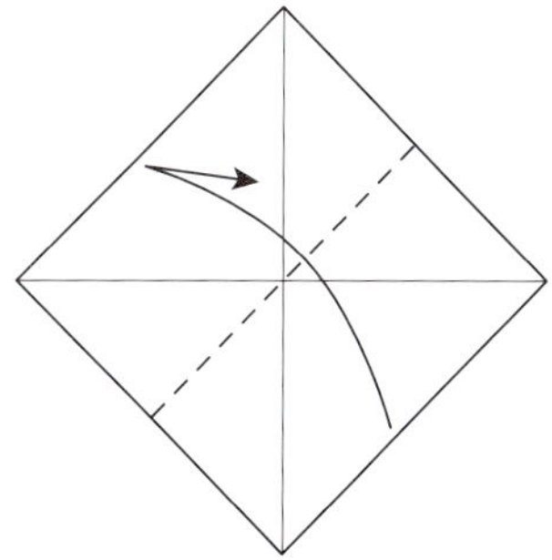

3. Falten Sie die Kanten aufeinander und öffnen Sie wieder.

4. Falten Sie die beiden anderen Kanten aufeinander und öffnen Sie wieder.

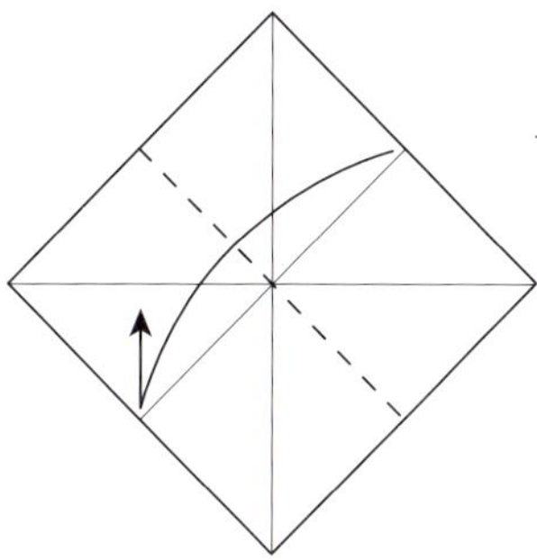

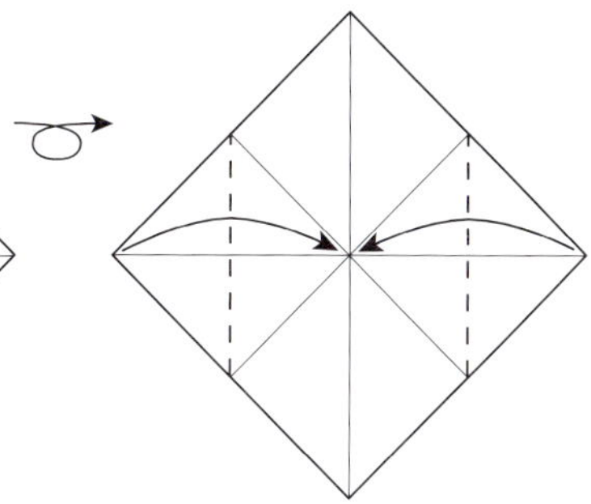

5. Falten Sie die beiden Ecken zur Mitte.

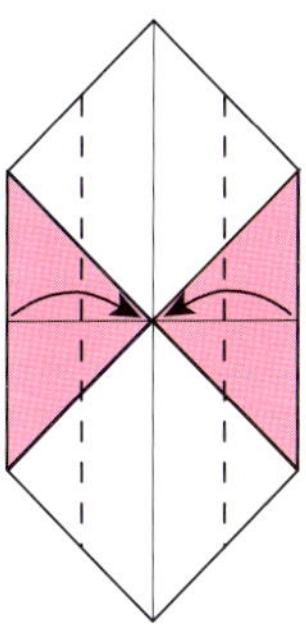

6. Falten Sie die Kanten zur Mitte. Achten Sie darauf, dass die Ecken in der Mitte dabei nicht verrutschen.

7. Wenden Sie die Form.

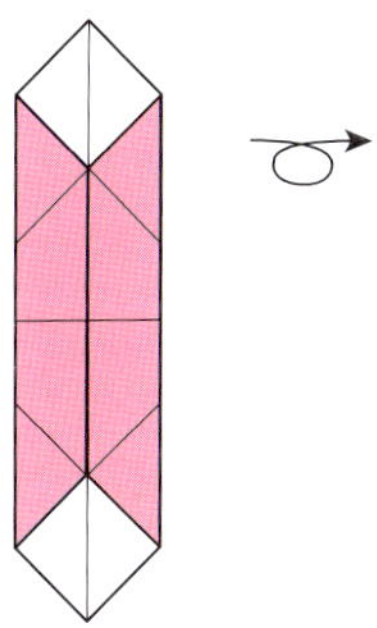

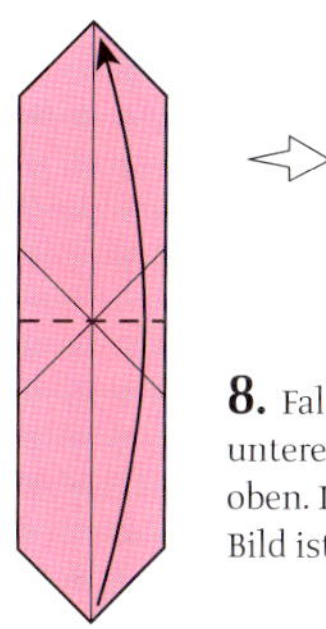

8. Falten Sie die untere Hälfte nach oben. Das nächste Bild ist vergrößert.

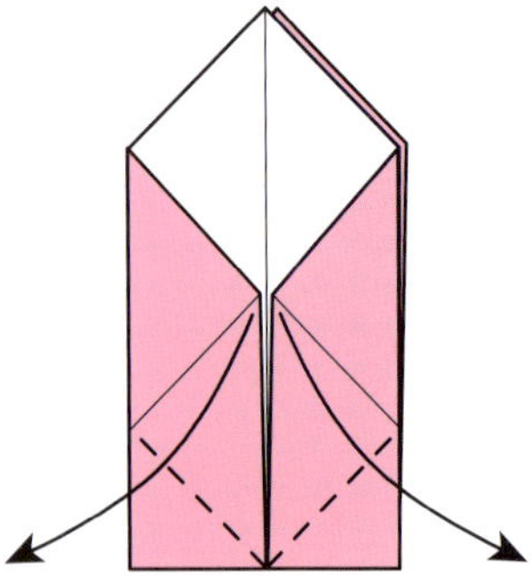

9. Öffnen Sie die beiden vorderen Taschen wie dargestellt. Die Falze von Schritt 3 und 4 helfen dabei, auch wenn sie durch die oberste Lage verdeckt sind.

10. Wenden Sie die Form.

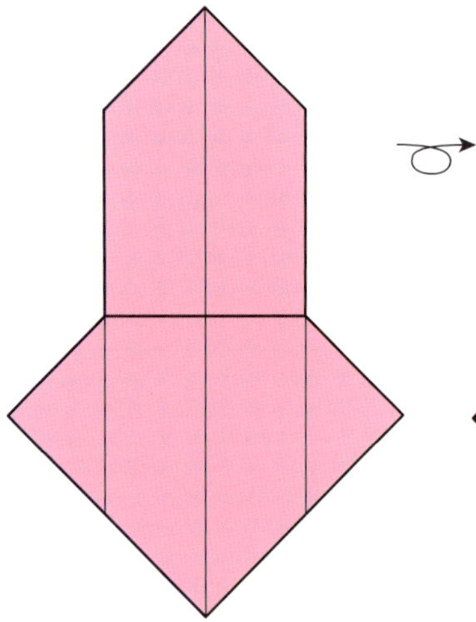

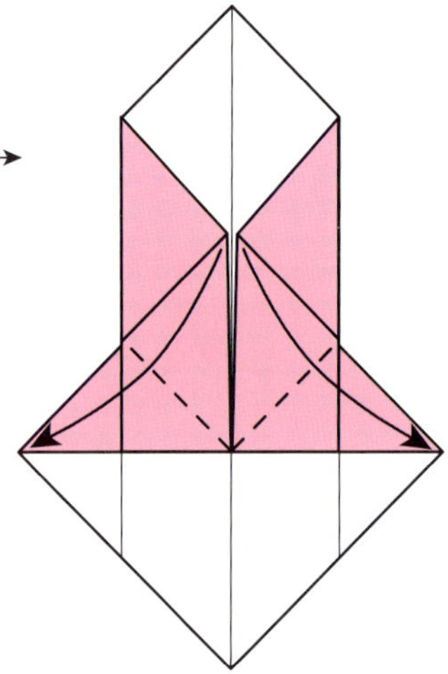

11. Wiederholen Sie Schritt 9 auf dieser Seite.

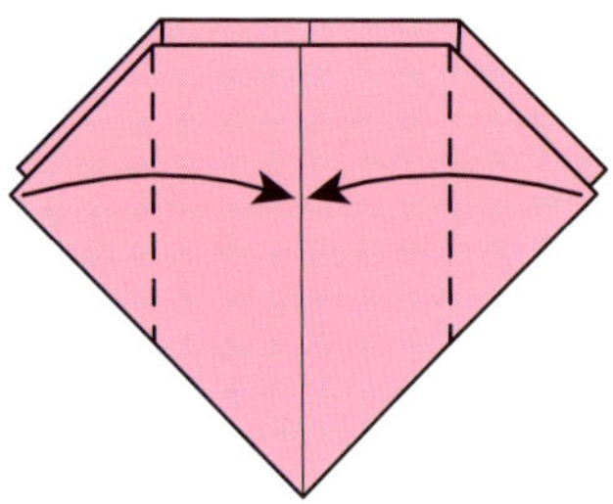

12. Falten Sie die beiden Spitzen der oberen Lage zur Mitte.

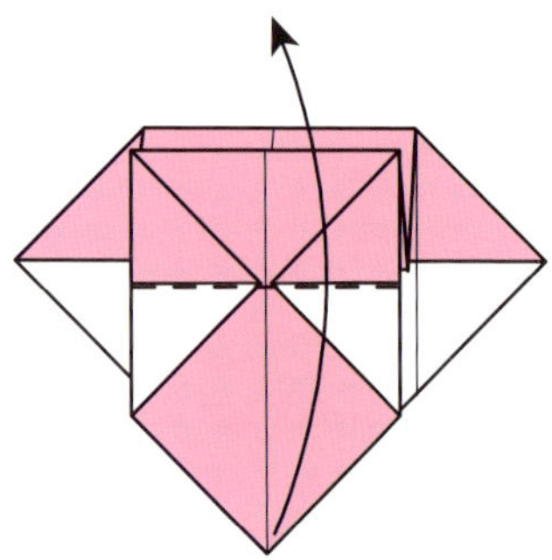

13. Falten Sie die Ecke der oberen Lage nach oben.

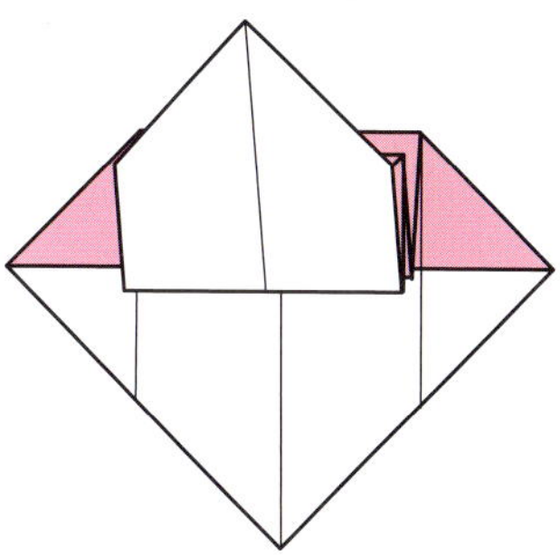

14. Wenden Sie die Form und wiederholen Sie die Schritte 12 und 13 mit dieser Seite.

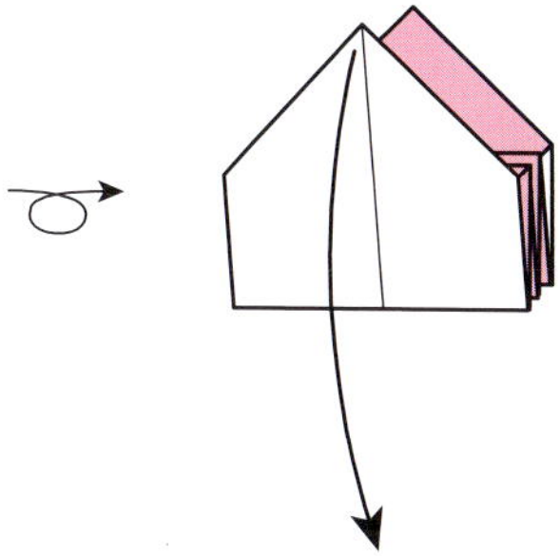

15. Falten Sie die oberen beiden Lagen nach unten.

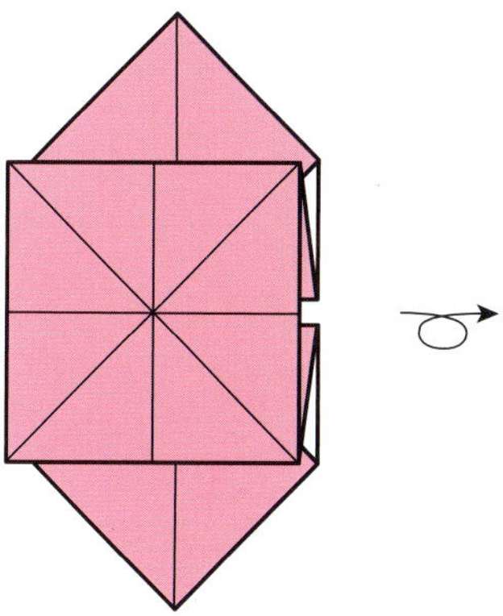

16. Wenden Sie die Form und richten Sie sie aus, bis sie wie in Bild 17 liegt.

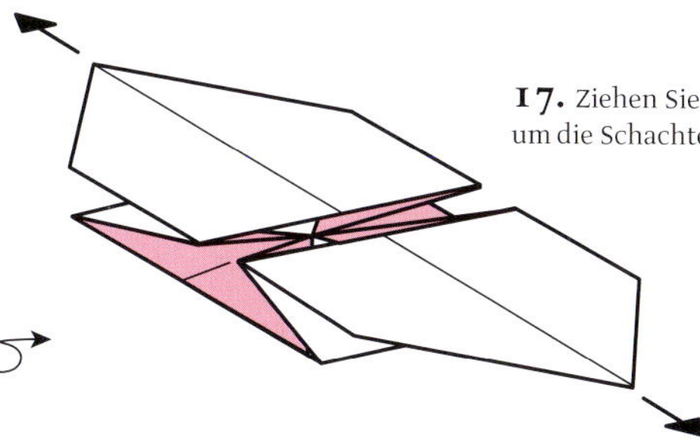

17. Ziehen Sie die Spitzen nach außen, um die Schachtel zu öffnen.

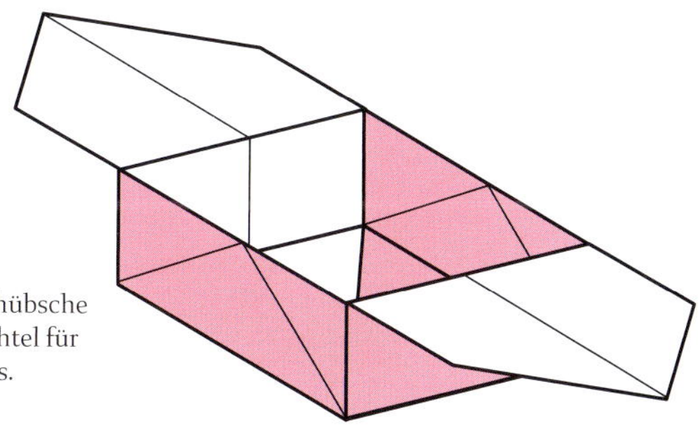

18. Hier ist die hübsche Dschunkenschachtel für Ihren Krimskrams.

Yuen Bao

Dies ist ein traditionelles Modell aus Hongkong.

Dieses ungewöhnliche traditionelle Modell stellt keine Krone dar, sondern ist die Origamiform eines *yuen bao*. Dies ist ein Silber- oder Goldbarren, der vor der Erfindung des Papiergeldes in China als Zahlungsmittel verwendet wurde.

Yuen Bao in dieser Form stellen eine Deckelschale dar, wobei die hochstehenden Klappen die Griffe sein sollen. Manchmal werden sie auch als Schuh, Boot oder Schildkröte bezeichnet.

Traditionell faltet man Yuen Bao in großer Zahl, um sie bei Bestattungen oder zu Ehren der Familienahnen zu verbrennen.

Material
Eine Höllenbanknote für jeden Yuen Bao. Verbrauchen Sie aber nicht zu viele, denn Sie benötigen 27 Banknoten für die Lotusblüte auf Seite 58.

Die weiße Papierseite weist zu Beginn nach oben.

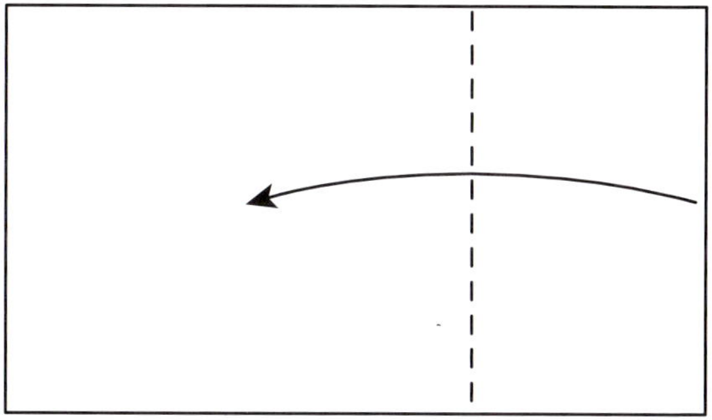

1. Falten Sie ungefähr ein Drittel der Note nach links.

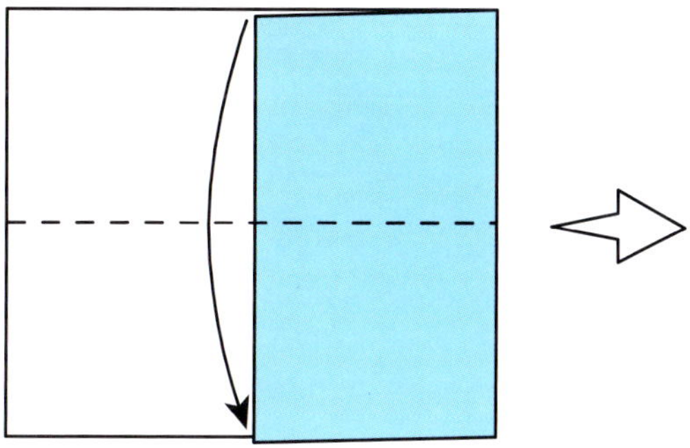

2. Falten Sie die obere Hälfte nach unten. Das nächste Bild ist vergrößert.

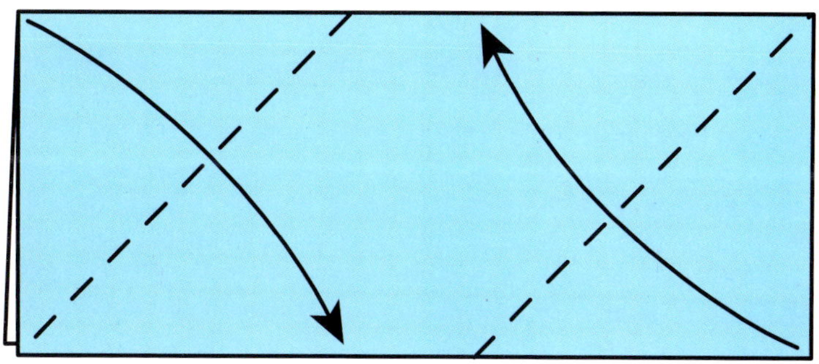

3. Falten Sie die beiden Ecken in entgegengesetzte Richtungen.

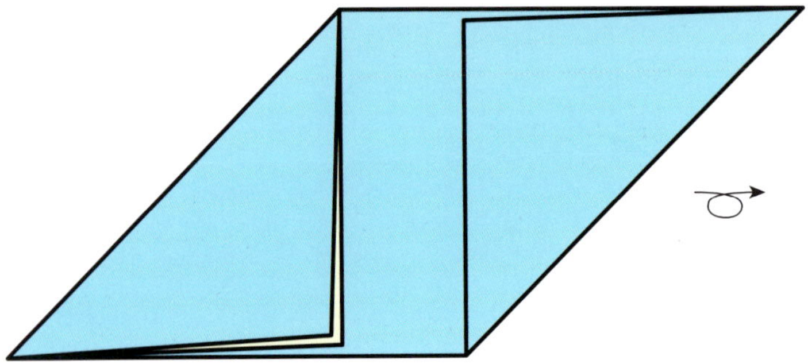

4. Wenden Sie die Form und richten Sie sie aus, bis sie wie in Bild 5 liegt.

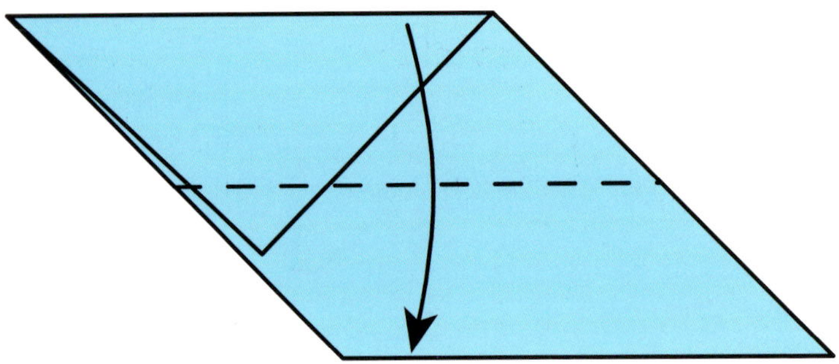

5. Falten Sie die obere Lage nach unten, wobei die verdeckten Flügel nach außen klappen. Das Ergebnis sieht aus wie Bild 6.

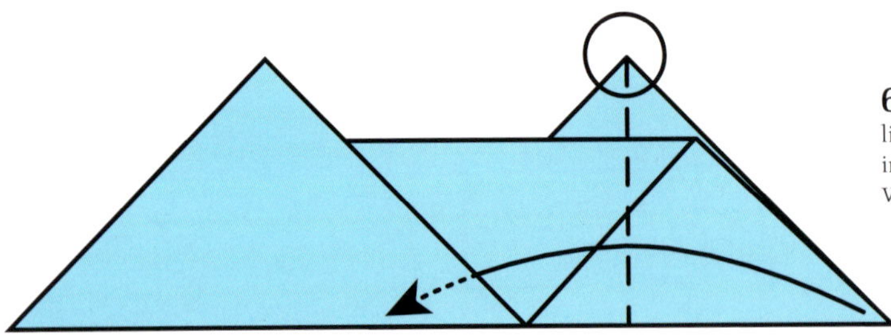

6. Falten Sie die rechte Spitze nach links und stecken Sie sie wie dargestellt in die Tasche. Den Falz platzieren Sie in Verlängerung der rechten Spitze.

7. Wenden Sie die Form.

8. Wiederholen Sie Schritt 6 mit der rechten Spitze.

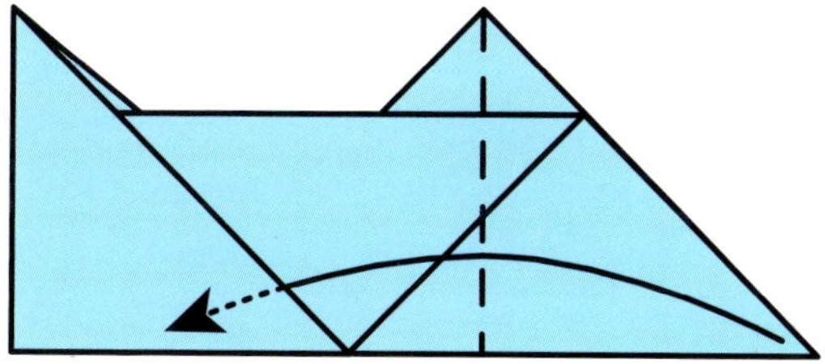

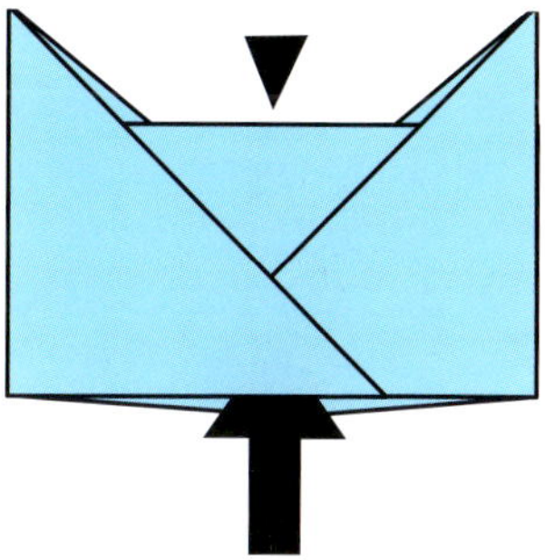

9. Öffnen Sie die Form unten und ziehen Sie sie an den Seiten auseinander. Wenn Sie vorsichtig auf die Innenlagen drücken, entsteht eine gerundete Oberfläche.

10. Und dies ist Ihr Yuen Bao.

Pagode

Die Pagode wurde 1948 von Maying Soong in ihrem Buch The Art of Chinese Paper Folding *veröffentlicht. Sie gilt als traditionelles Modell.*

Eine Pagode ist ein mehrstöckiger Turm, wie er sich häufig in oder neben buddhistischen Tempeln findet. Charakteristisches Merkmal der Pagodenarchitektur sind die Traufen in jedem Geschoss. Chinesische Pagoden verjüngen sich meist zur Spitze hin, d. h. nach oben hin wird jedes Geschoss etwas schmaler.

Die Geschosse dieser Origamipagode werden einzeln gefaltet. Anschließend werden die Formen turmartig ineinander gesteckt. Modelle mit vielen kleinen Einzelteilen sind in der chinesischen Tradition des Papierfaltens viel geläufiger als in anderen fernöstlichen Ländern, wie etwa Japan.

Material

Sechs quadratische Papierbogen. Die Pagode kann man aus gleich großen Quadraten fertigen. Sie wirkt aber echter, wenn die Bogen immer kleiner und die Geschosse damit nach oben hin immer schmaler werden. Beschneiden Sie die Bogen zunehmend um je 0,5 cm – das kommt ganz gut hin.

Die weiße Seite des Bogens weist zu Beginn nach oben.

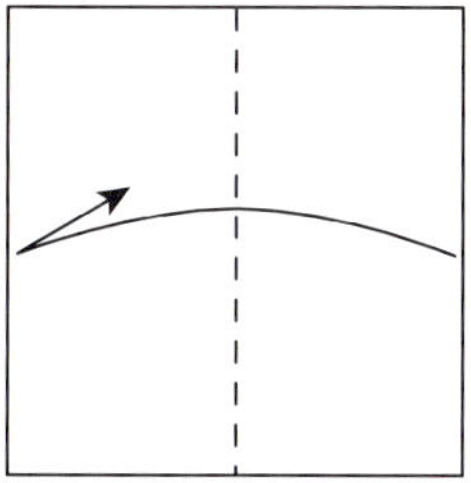

1. Falten Sie nach links und öffnen Sie wieder.

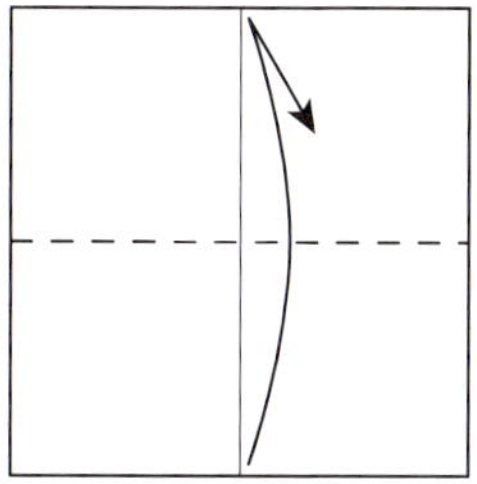

2. Falten Sie nach oben und öffnen Sie wieder.

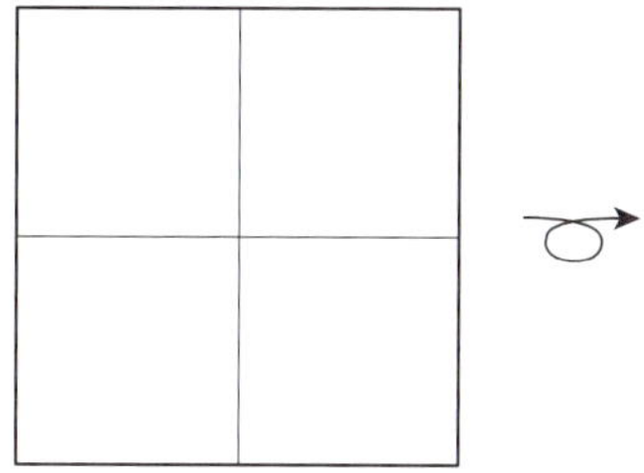

3. Wenden Sie die Form.

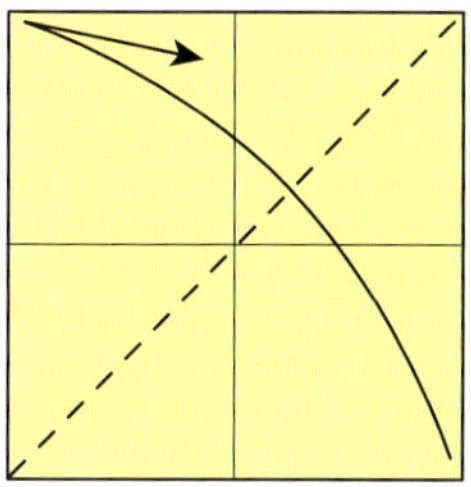

4. Falten Sie diagonal und öffnen Sie wieder.

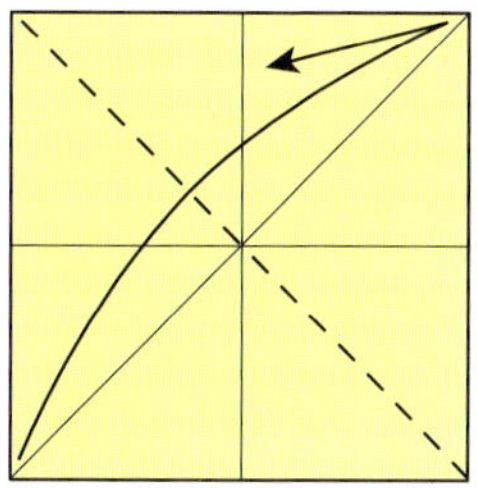

5. Falten Sie in der anderen Diagonale und öffnen Sie wieder. Wenden Sie die Form.

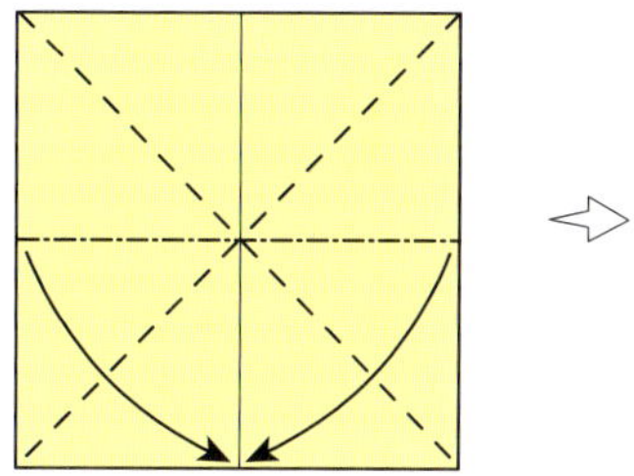

6. Ziehen Sie die Form zur Wasserbombe. Das nächste Bild ist vergrößert.

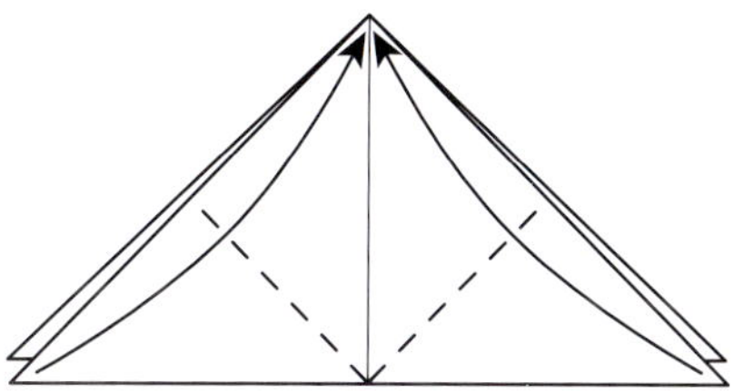

7. Falten Sie die Spitzen der oberen Lage nach oben.

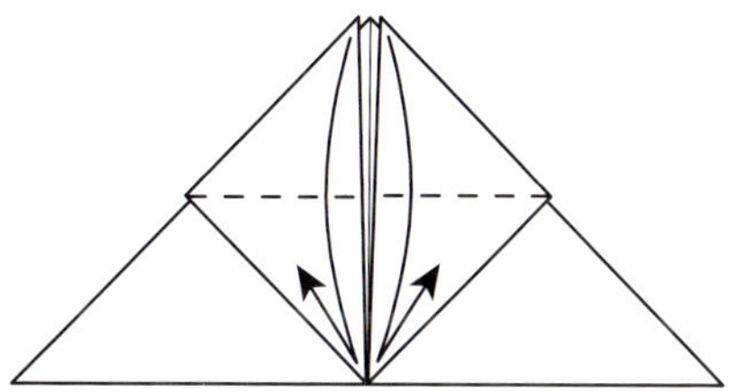

8. Falten Sie die Spitzen der oberen Lage nach unten und öffnen Sie wieder.

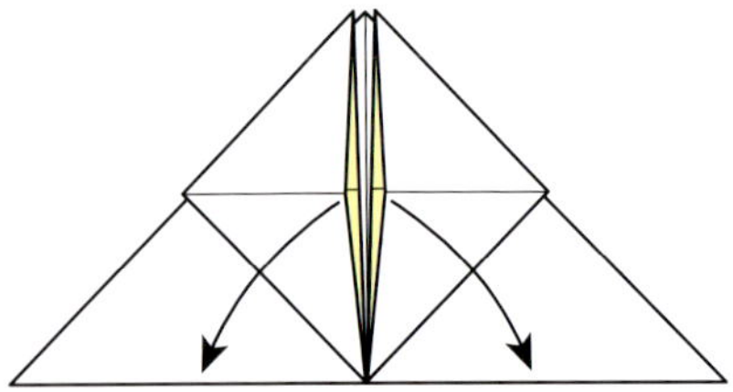

9. Öffnen Sie die beiden Flügel zu Taschen und glätten Sie sie. Das Ergebnis sieht aus wie Bild 10.

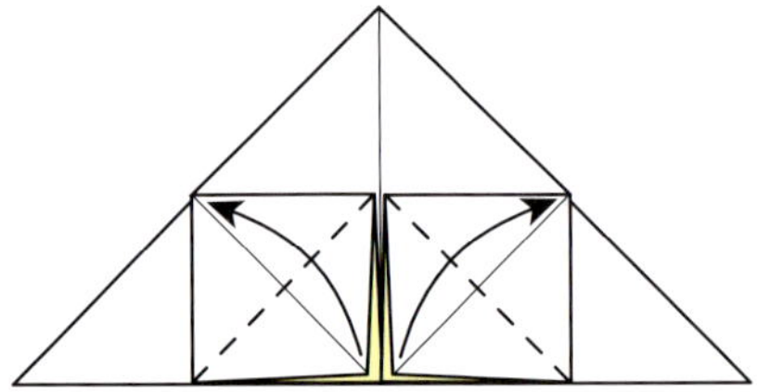

10. Falten Sie die oberen Lagen der neuen Tasche diagonal nach oben.

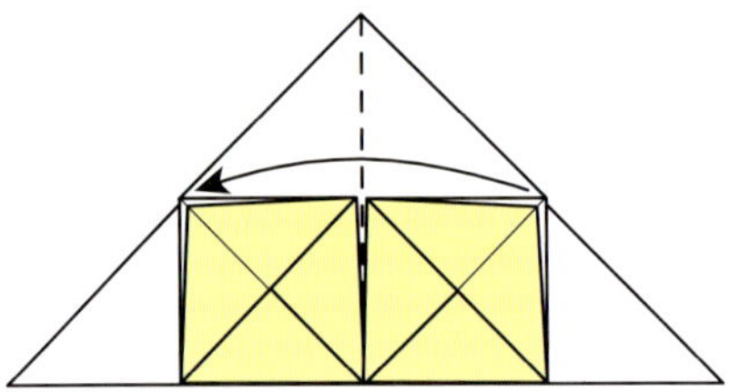

11. Falten Sie die oberen Lagen der rechten Seite nach links.

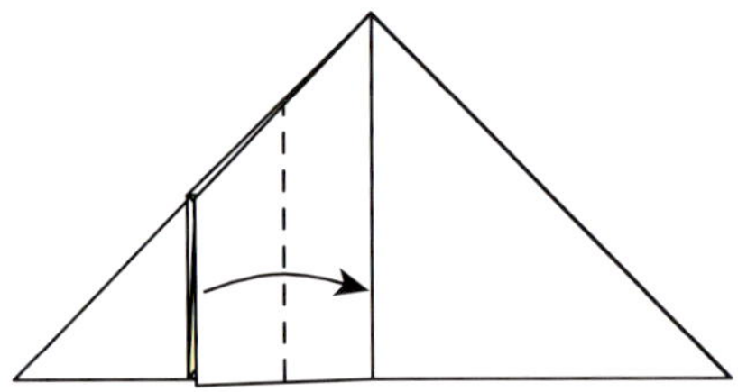

12. Falten Sie die oberen Lagen nach rechts.

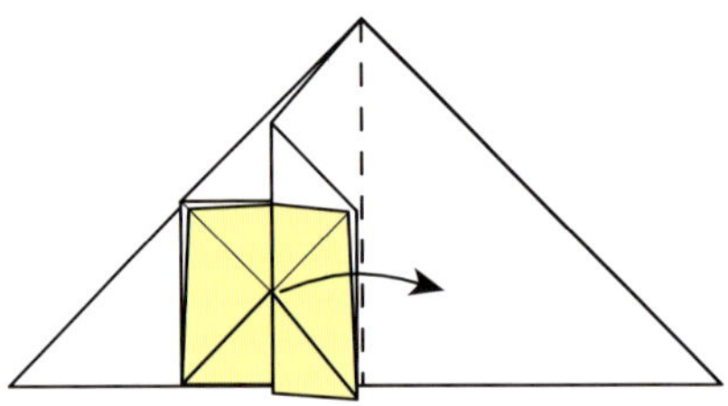

13. Falten Sie die oberen Lagen wieder nach rechts.

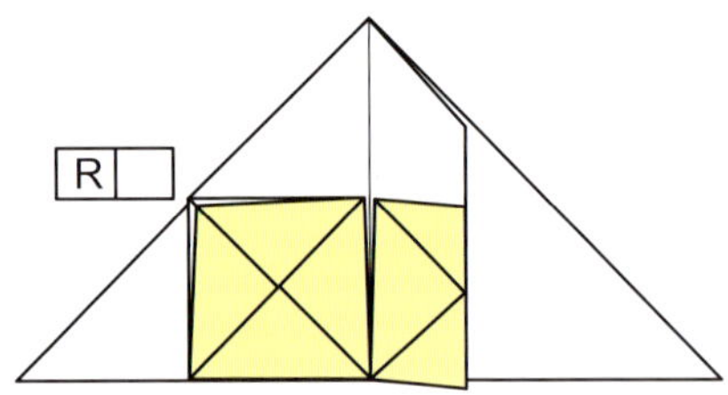

14. Wiederholen Sie Schritt 11 bis 13 mit den oberen Lagen der linken Seite.

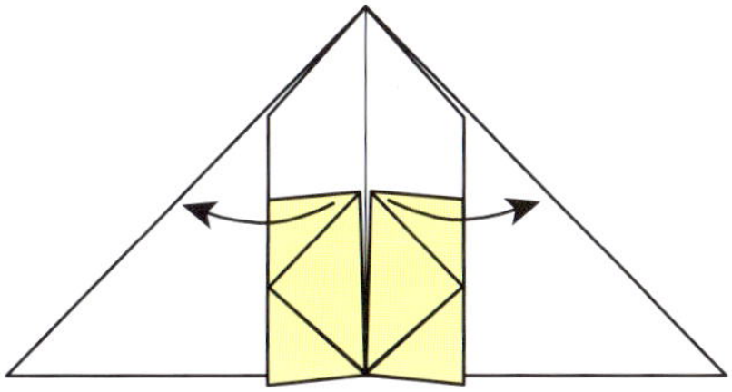

15. Falten Sie die Ecken der oberen Lage nach außen und glätten Sie sie. Das Ergebnis sieht aus wie Bild 16.

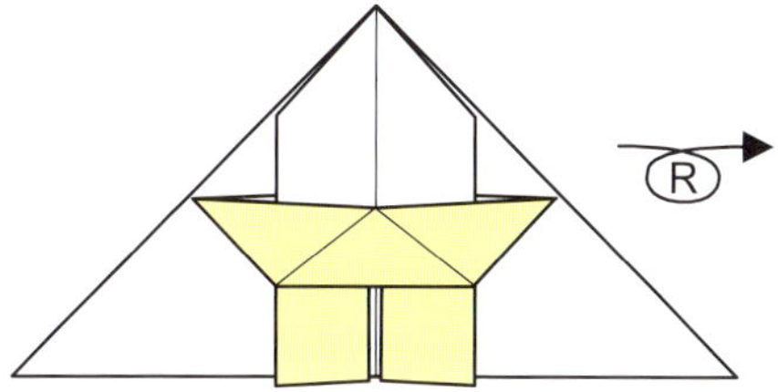

16. Wenden Sie die Form und wiederholen Sie Schritt 7 bis 15 mit dieser Seite.

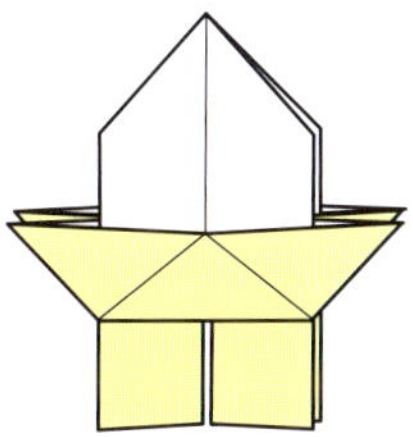

17. Das ist das erste Pagodengeschoss. Falten Sie fünf weitere Geschosse aus immer kleineren Bogen.

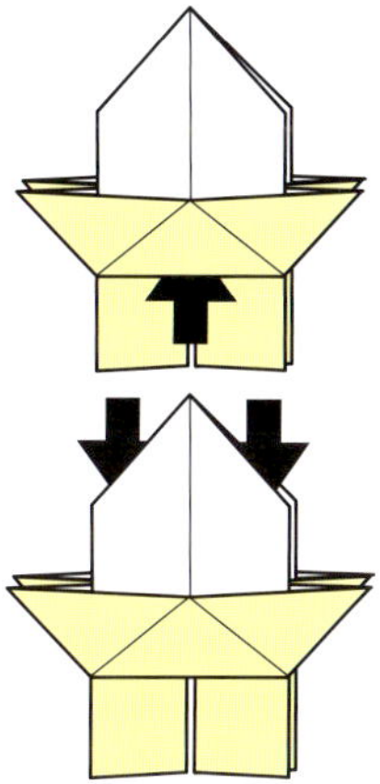

18. Stecken Sie die Geschosse wie dargestellt ineinander.

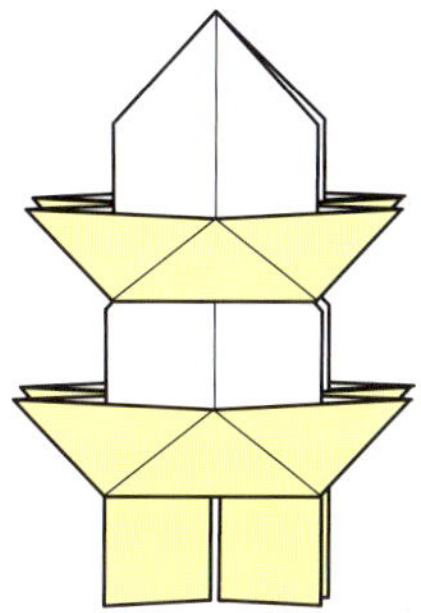

19. Schieben Sie das Dach eines Geschosses in die Basis des anderen, bis sie gut ineinander verhakt sind. Falten Sie weiter und ergänzen Sie weitere Geschosse.

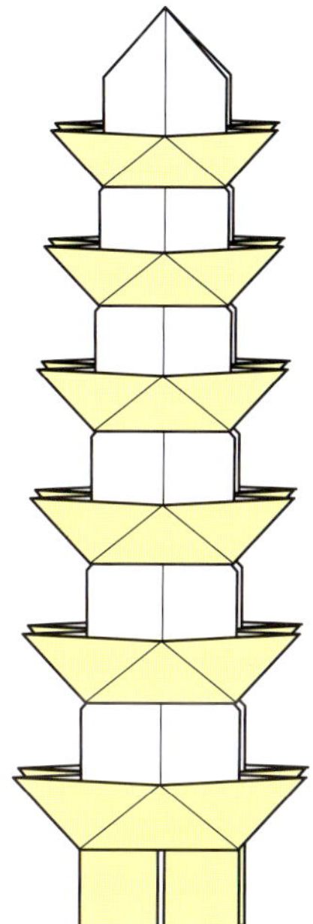

20. So sieht die fertige Pagode aus.

Schanghai-Stern

Ob dieses Modell traditionell ist oder modern, ist nicht bekannt. Die Papierfalterin Marcia Mau aus Hawaii fand es in Schanghai.

Der Schanghai-Stern ist ein wunderbares Beispiel für ein chinesisches Modell mit mehreren Teilen. Er besteht aus einem großen Quadrat und vier kleinen Quadraten, die zu einem achtzackigen Stern zusammengefügt werden.

Der Schanghai-Stern lässt sich als Hängedekoration oder als Fotorahmen verwenden. Auf den Seiten 62-65 sehen Sie, wie man ihn in eine hübsche Schale oder einen Korb verwandelt.

Material
Vier quadratische Papierbogen in kontrastierenden Komplementärfarben.
Schere.

Die farbige Seite des Bogens weist zu Beginn nach oben.

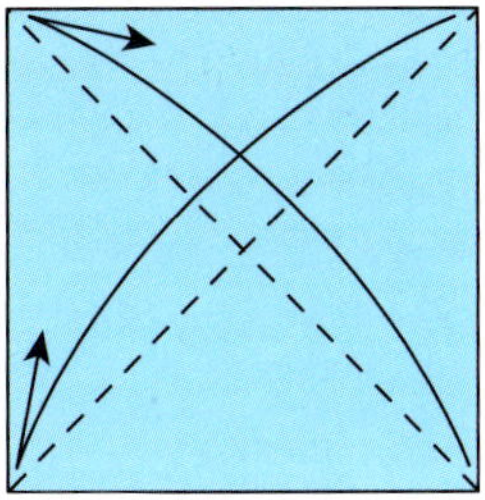

1. Falten Sie in beiden Diagonalen und öffnen Sie wieder.

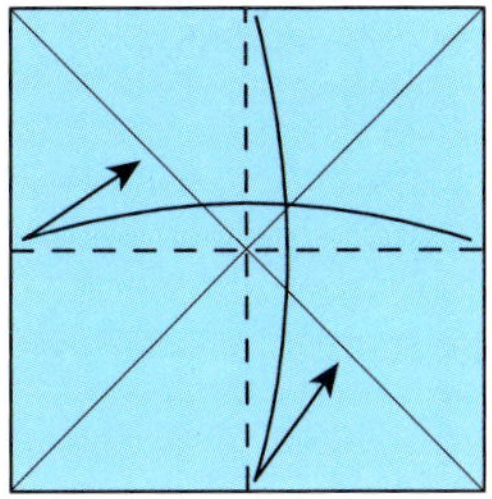

2. Falten Sie nach links und öffnen Sie wieder. Falten Sie nach unten und öffnen Sie wieder.

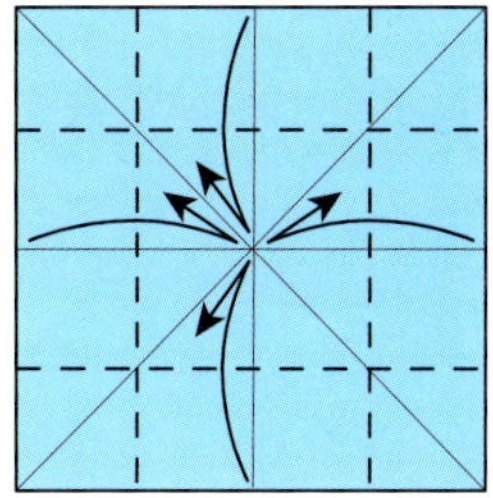

3. Falten Sie die gegenüberliegenden Kanten nacheinander zur Mitte und öffnen Sie wieder.

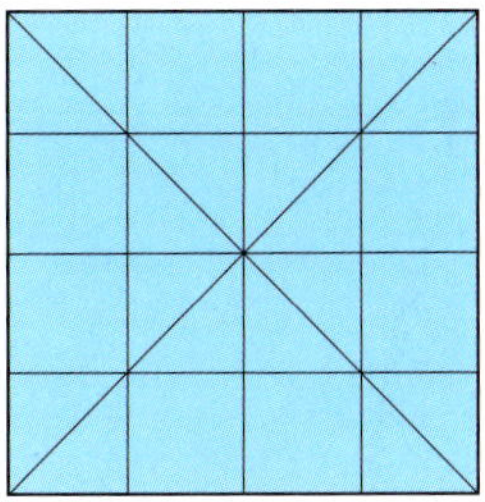

4. Weist Ihre Form die dargestellten Falze auf? Dann wenden Sie sie.

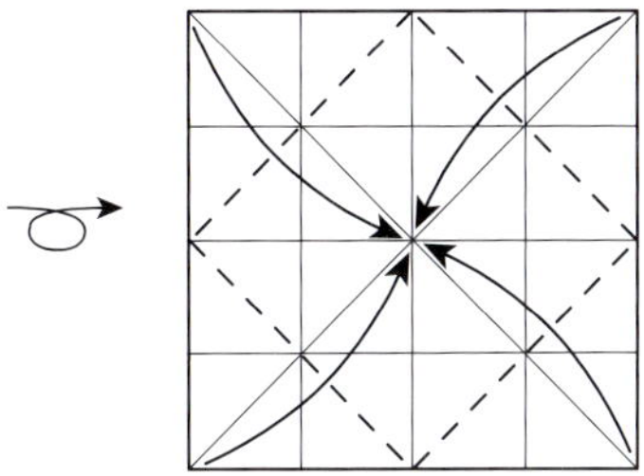

5. Falten Sie alle vier Ecken nacheinander zur Mitte.

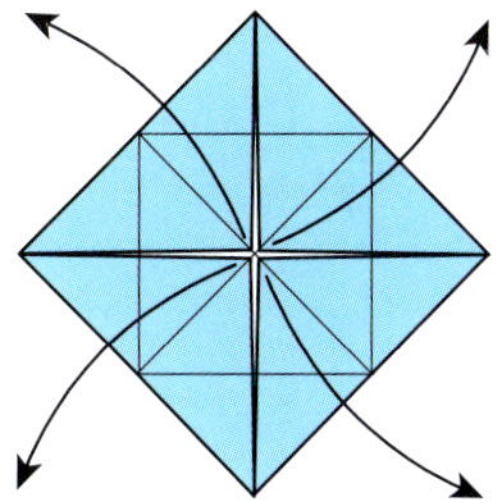

6. Öffnen Sie die Faltungen von Schritt 5. Dabei sollen die Falze möglichst nicht geglättet werden.

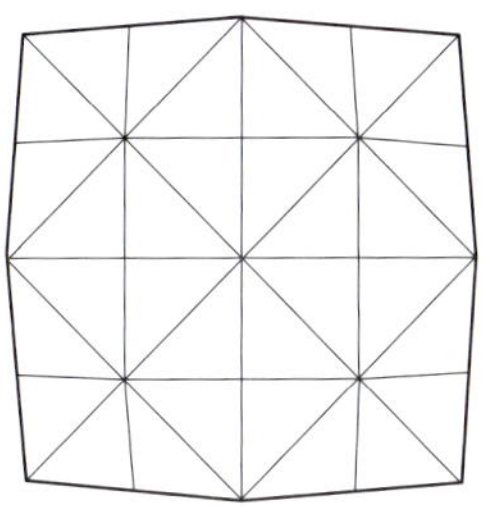

7. Weist Ihre Form die dargestellten Falze auf? Dann wenden Sie sie.

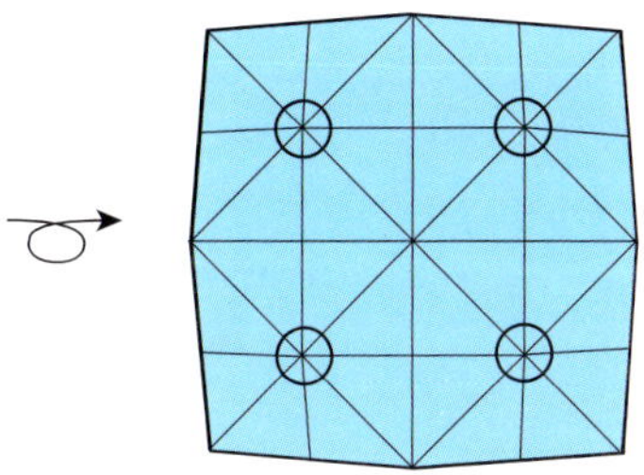

8. Wenn Sie das Papier wenden, biegen sich die Ecken etwas nach hinten. Drücken Sie eine jede nacheinander nach vorne, sodass sich die mit einem Kreis markierten Stellen nach unten wölben.

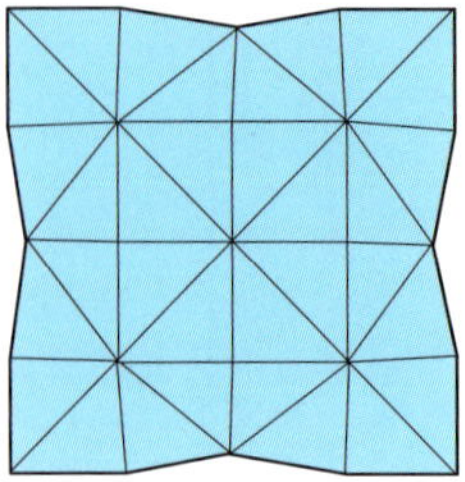

9. Das Ergebnis sieht aus wie ein tiefer Teller.

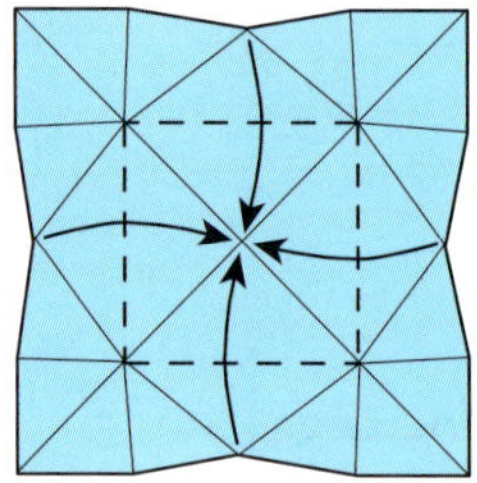

10. Falten Sie jede Kantenmitte zur Mitte.

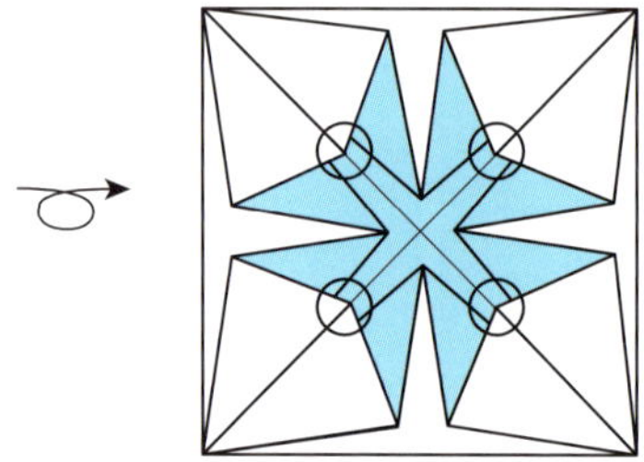

11. Glätten Sie alle Falze. Alle mit einem Kreis markierten Stellen treffen sich in der Mitte.

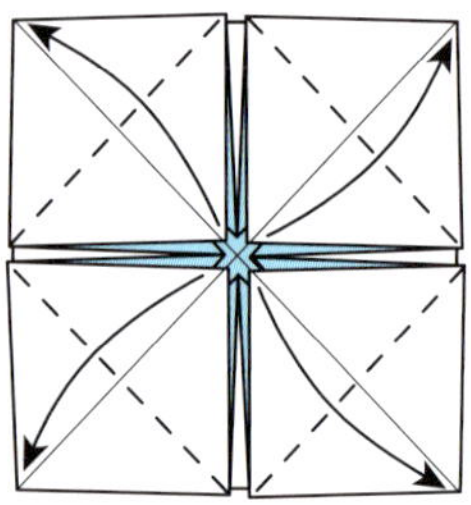

12. Falten Sie die vier inneren Ecken nach außen.

13. Falten Sie zwei Bogen Papier auf diese Weise.

14. Schneiden Sie den ersten Bogen in Viertel.

15. Fahren Sie mit dem zweiten Bogen fort und falten Sie die oberen Lagen einer Ecke nach links.

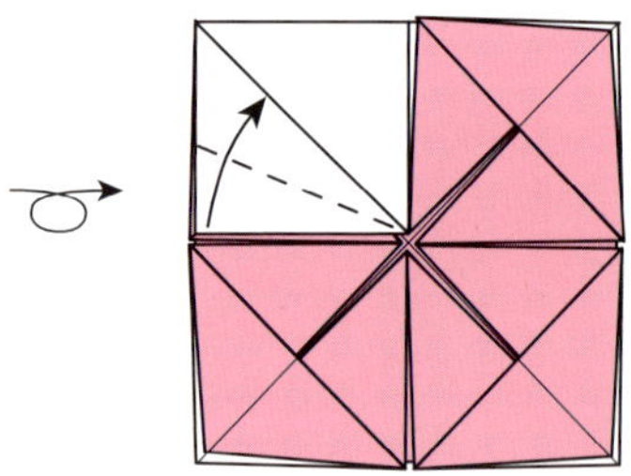

16. Falten Sie den neuen Flügel nach rechts.

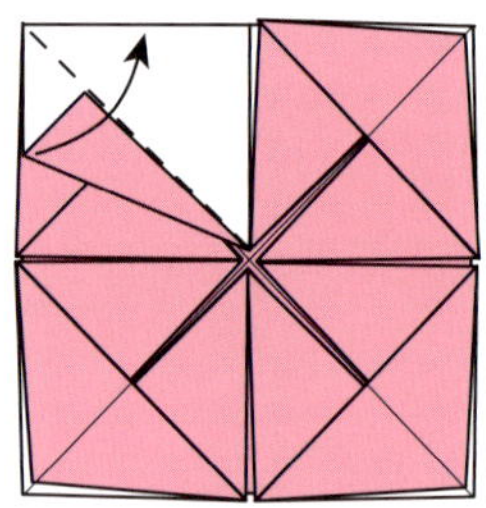

17. Falten Sie den Flügel wieder zurück.

18. Wiederholen Sie Schritt 15 bis 17 siebenmal.

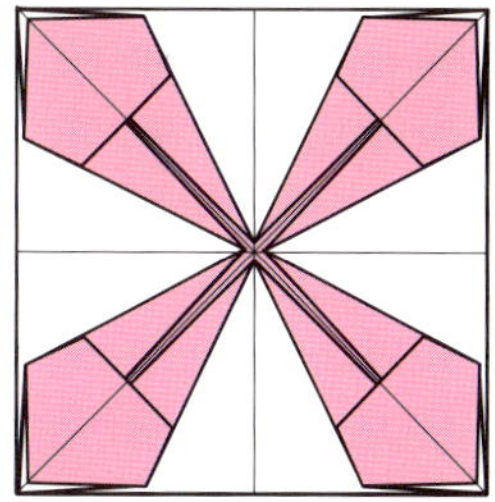

19. So soll das Ergebnis aussehen.

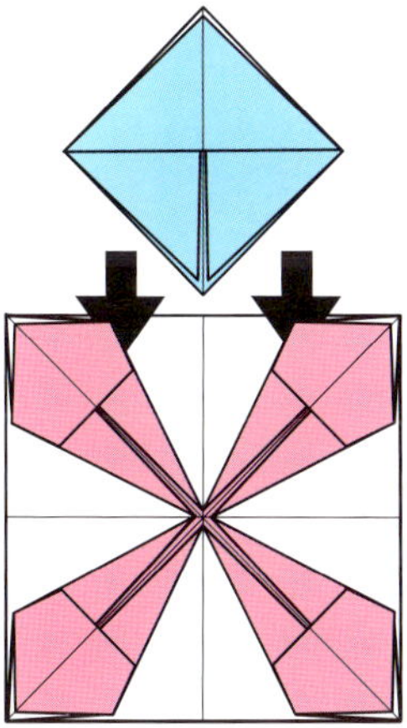

20. Fügen Sie das erste Viertel wie dargestellt ein.

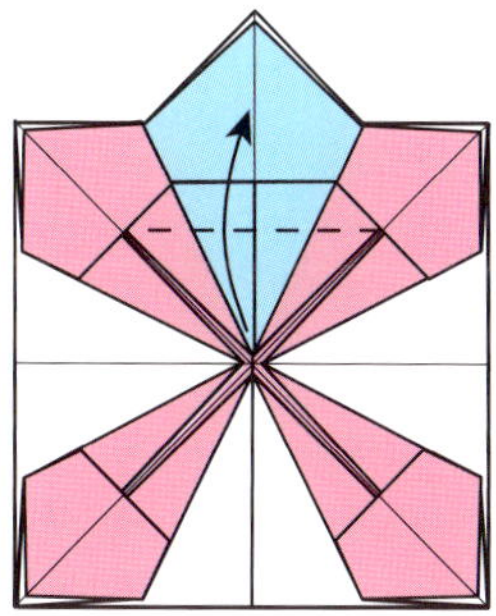

21. Verhaken Sie die beiden Teile ineinander, indem Sie den mittleren Flügel nach oben falten und sein Ende in die Tasche des Viertels stecken.

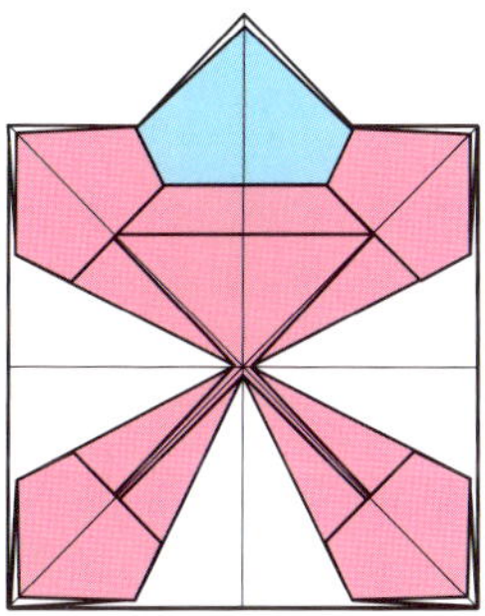

22. Verfahren Sie genauso mit den drei restlichen Vierteln.

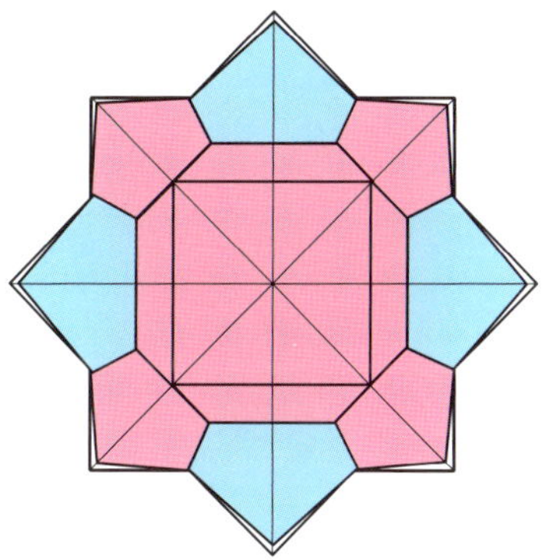

23. Dies ist der Schanghai-Stern. Sie können ihn als Dekoration einsetzen oder ihn als Rahmen für ein Foto benutzen.

Neujahrsschmuck

Dieses Modell fand der Verfasser bei einem Besuch in der New Yorker Chinatown. Ob es traditionell oder modern ist, ist nicht bekannt.

Der Neujahrsschmuck besteht aus zwölf roten Umschlägen, die erst gefaltet und dann zu einem rhombischen Dodekaeder zusammengeheftet oder -geklebt werden.

Das Ergebnis ist ein verblüffend ansprechendes Dekoelement, das man natürlich beim chinesischen Neujahr, aber auch bei anderen festlichen Anlässen verwenden kann.

Material
Die zwölf roten Umschläge aus dem Set. Ein Tacker. Ein Bogen Schmierpapier. Etwas Faden.

Zu Beginn versiegeln Sie die Umschläge und platzieren sie so, dass die farbige Seite nach oben weist.

1. Markieren Sie die Mitte einer der kurzen Kanten mit einem kleinen Kniff.

2. Verfahren Sie genauso mit der gegenüberliegenden Kante.

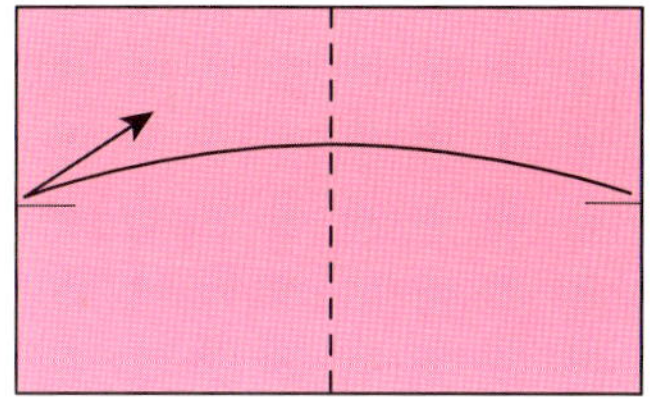

3. Falten Sie die kurzen Kanten aufeinander und öffnen Sie wieder.

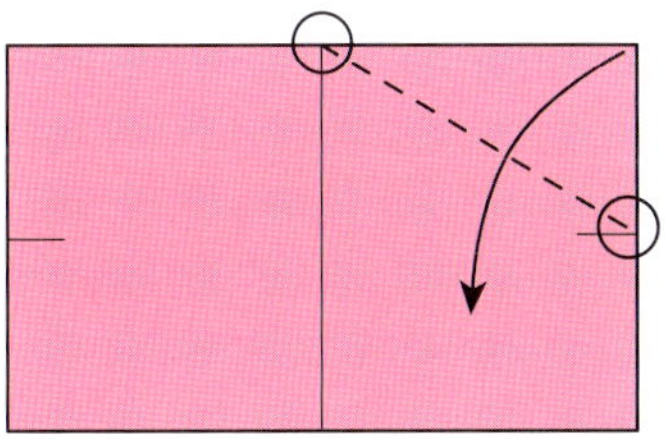

4. Falten Sie eine Ecke nach innen. Den Falz platzieren Sie an den mit einem Kreis markierten Stellen. Arbeiten Sie so exakt wie möglich.

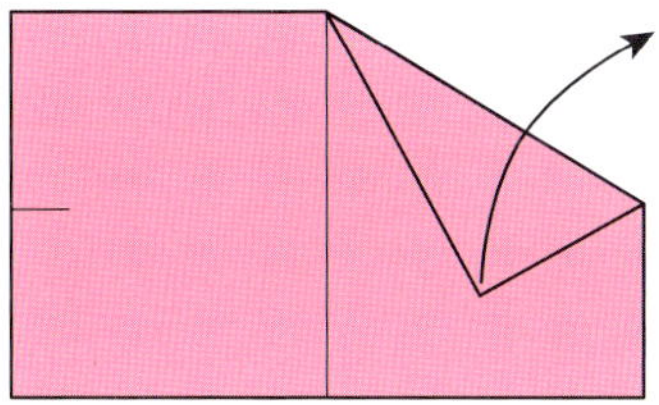

5. Streichen Sie den Falz fest aus und öffnen Sie die Form wieder.

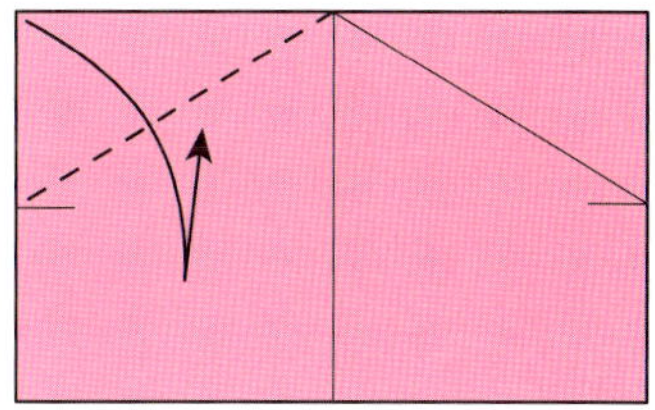

6. Wiederholen Sie Schritt 4 und 5 mit der linken Seite des Umschlags.

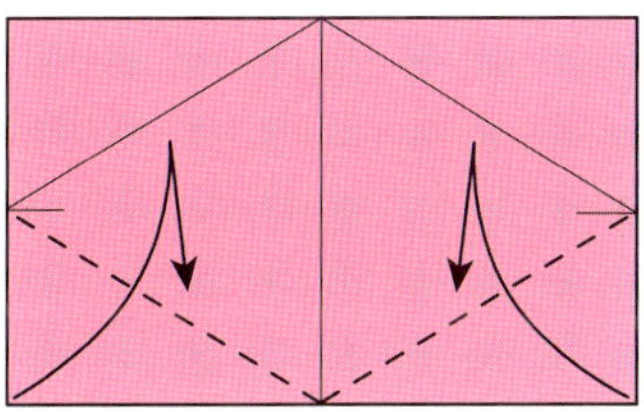

7. Wiederholen Sie Schritt 4 bis 6 mit der unteren Hälfte des Umschlags.

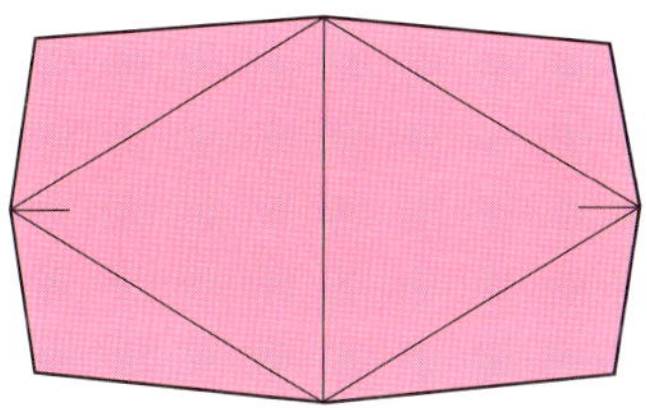

8. Die vier Ecken weisen nun in einem leichten Winkel nach innen. Falten Sie alle zwölf Umschläge auf diese Weise.

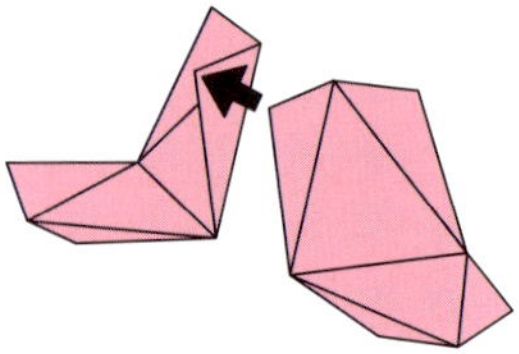

9. Stecken Sie zwei Umschläge wie dargestellt zusammen, wobei die Ecken von zwei Flügeln genau ineinander passen.

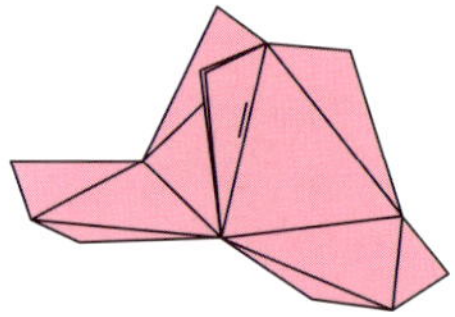

10. Heften Sie die beiden Flügel so nah wie möglich an der Strichellinie zusammen.

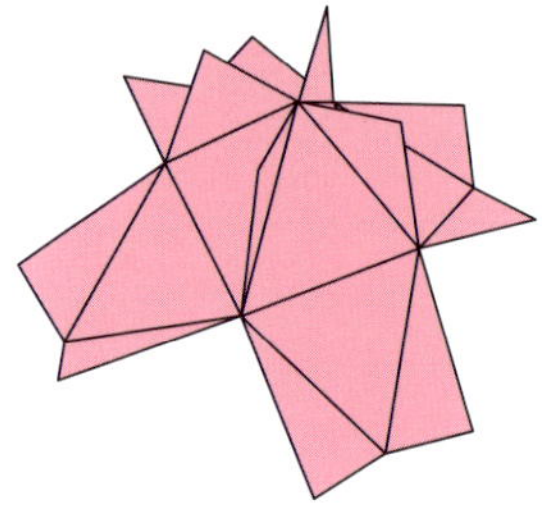

11. Setzen Sie vier Umschläge zu einem Ring zusammen.

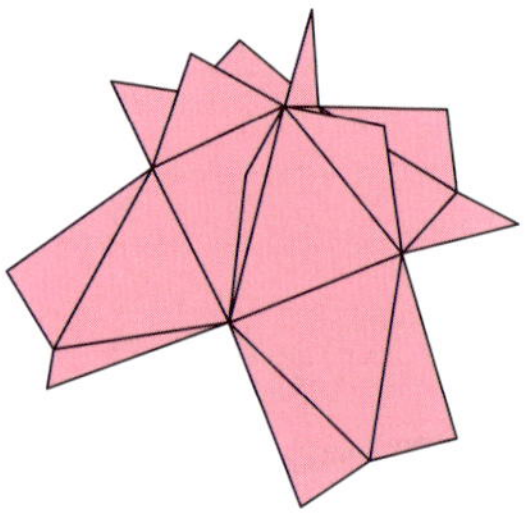

12. Fertigen Sie einen zweiten Ring.

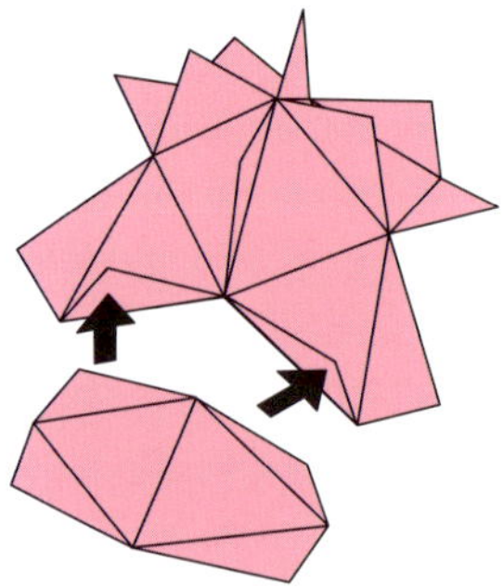

13. Setzen Sie einen fünften Umschlag wie dargestellt an einen der Ringe an.

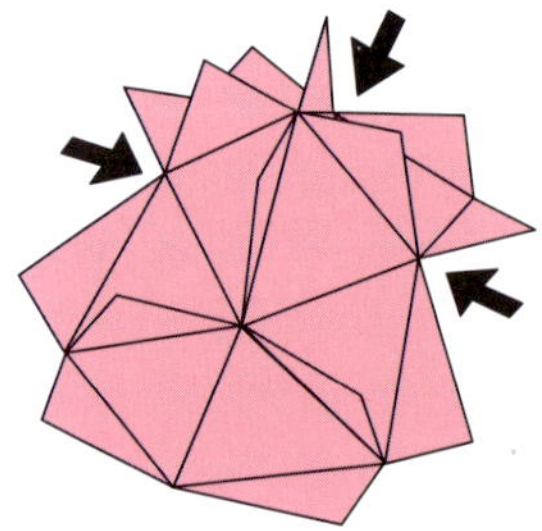

14. Setzen Sie drei weitere Umschläge an dem Ring an.

15. Setzen Sie den verbleibenden vierteiligen Ring an, aber heften Sie den letzten Flügel noch nicht fest.

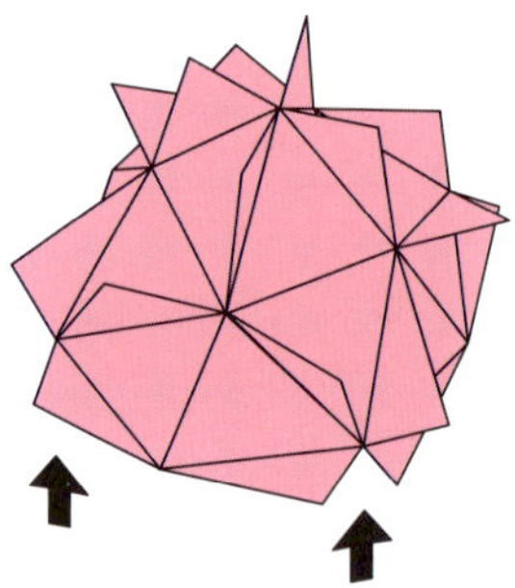

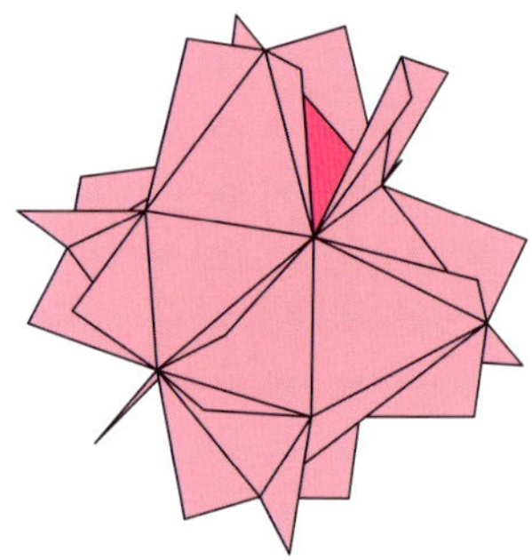

16. Der Neujahrsschmuck ist fertig. Sie benötigen jetzt nur noch den Aufhänger.

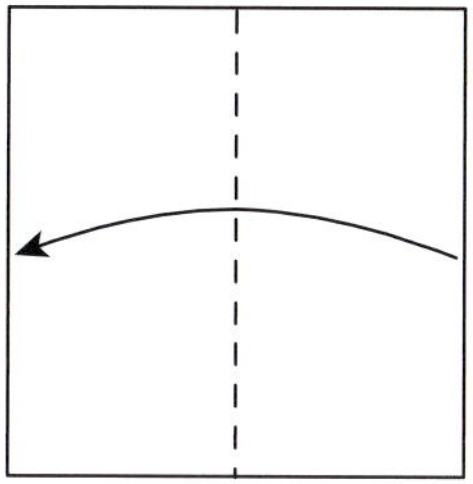

17. Der Aufhänger besteht aus einem quadratischen Bogen Schmierpapier. Falten Sie ihn in der Mitte.

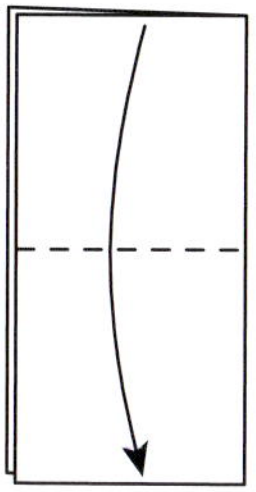

18. Falten Sie nach unten.

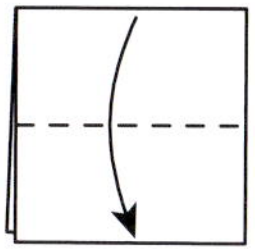

19. Wiederholen.

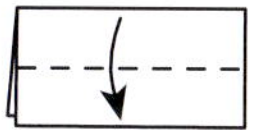

20. Wiederholen.

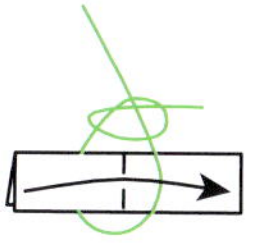

21. Falten Sie nach rechts und knoten Sie einen Faden um das Papier.

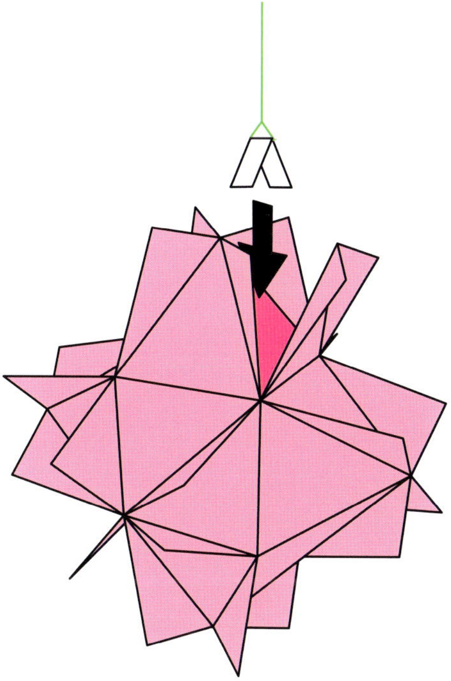

22. Lassen Sie den Aufhänger in den Schmuck gleiten und heften Sie dann den letzten Flügel fest.

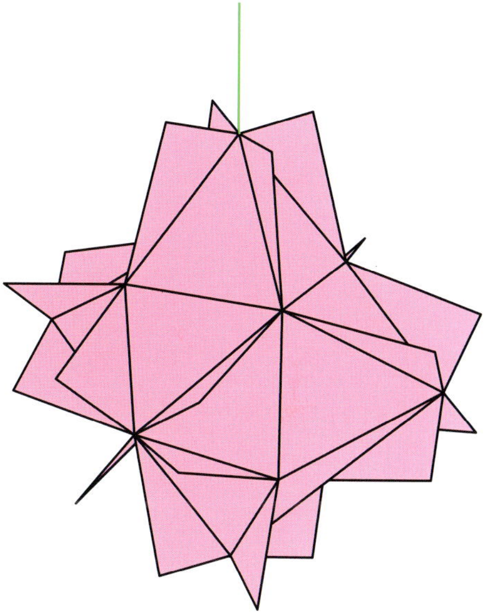

23. Ist der Neujahrsschmuck nicht schön?

Häschen

Dieses traditionelle Modell wird aus der Wasserbombe entwickelt, die möglicherweise aus China stammt.

Der Hase ist das vierte Glückstier in dem Zwölfjahreszyklus des chinesischen Tierkreises. Nach der chinesischen Überlieferung gelten im Jahr des Hasen geborene Menschen als ruhig, zurückhaltend und nachdenklich.

Nach der Größe der Ohren zu schließen, stellt das Modell höchstwahrscheinlich einen Hasen dar. Es gibt mehrere Arten, die Ohren zu falten. Hier finden Sie die einfachste und die traditionellste.

Material
Ein quadratischer Einzelbogen Papier.

Die farbige Seite des Bogens weist zu Beginn nach oben.

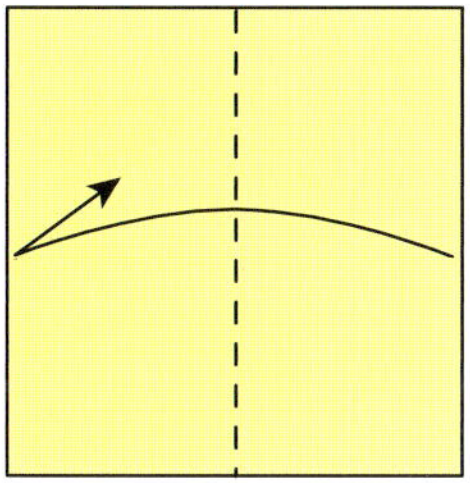

1. Falten Sie nach links und öffnen Sie wieder.

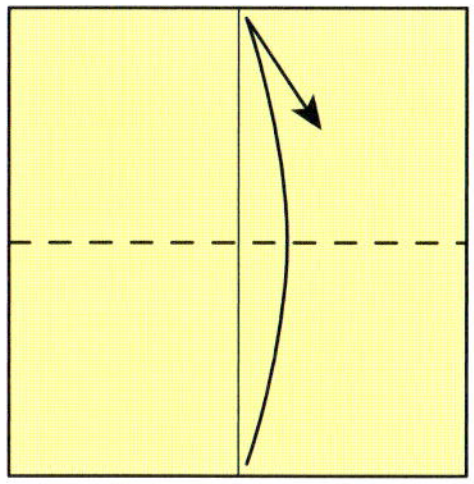

2. Falten Sie nach oben und öffnen Sie wieder.

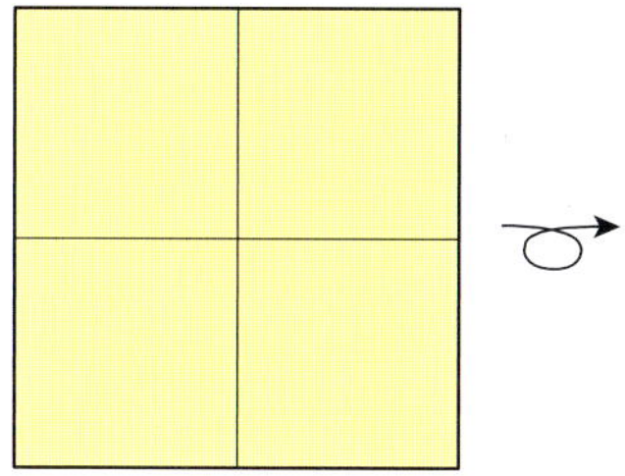

3. Wenden Sie die Form.

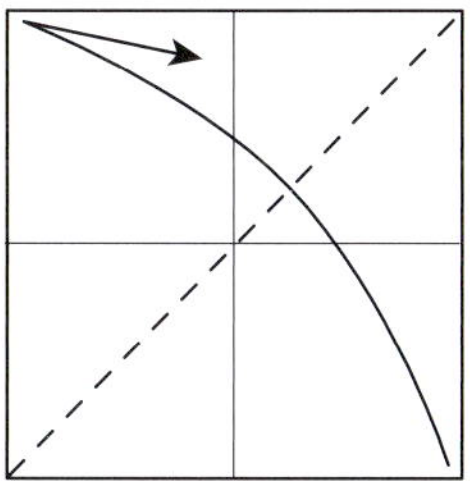

4. Falten Sie diagonal und öffnen Sie wieder.

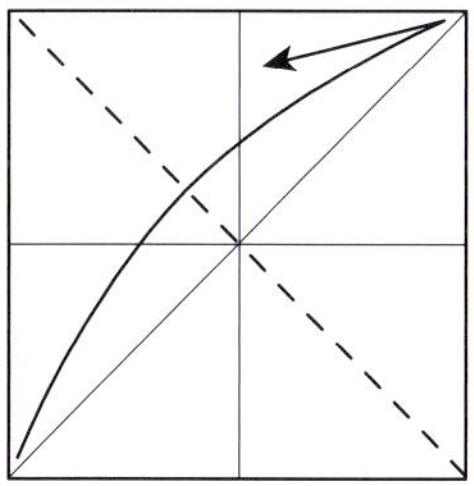

5. Falten Sie in der anderen Diagonalen und öffnen Sie wieder.

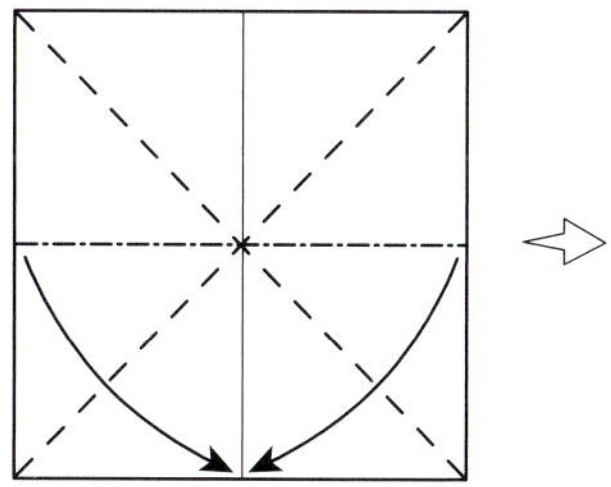

6. Ziehen Sie die Form zur Wasserbombe. Das nächste Bild ist vergrößert.

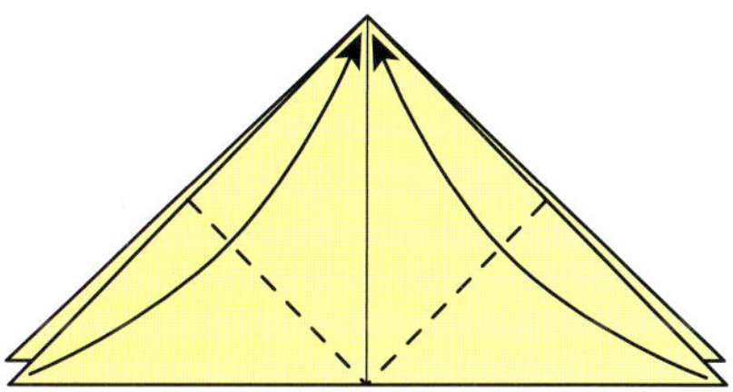

7. Falten Sie die beiden Spitzen der oberen Lage nach oben.

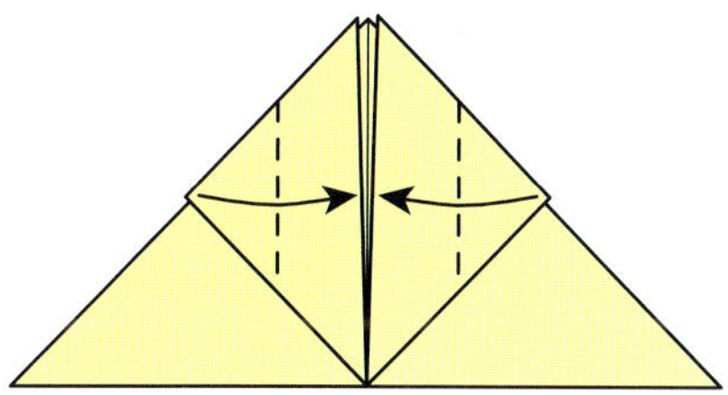

8. Falten Sie die Ecken der oberen Lagen nach innen zur Vertikalen. Die neuen Falze sollen parallel zur Vertikalen verlaufen.

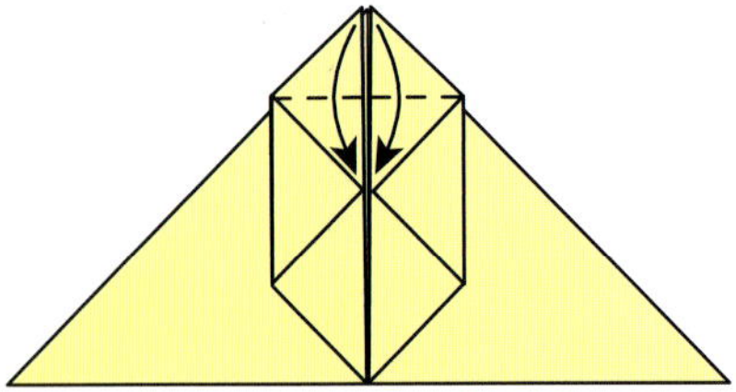

9. Falten Sie die Flügelspitzen der oberen Lage nach unten. Dabei entsteht eine Doppeltasche.

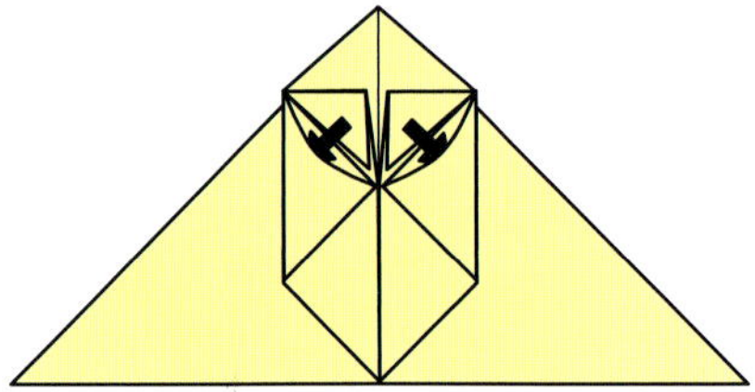

10. Falten Sie die beiden Flügel in die Taschen darunter. Streichen Sie die Falze fest aus.

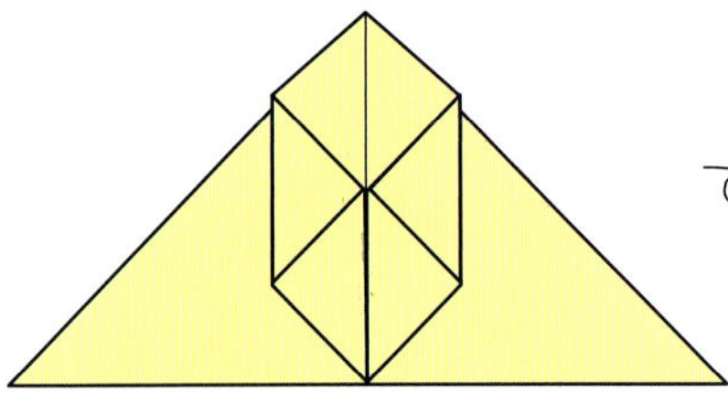

11. Wenden Sie die Form.

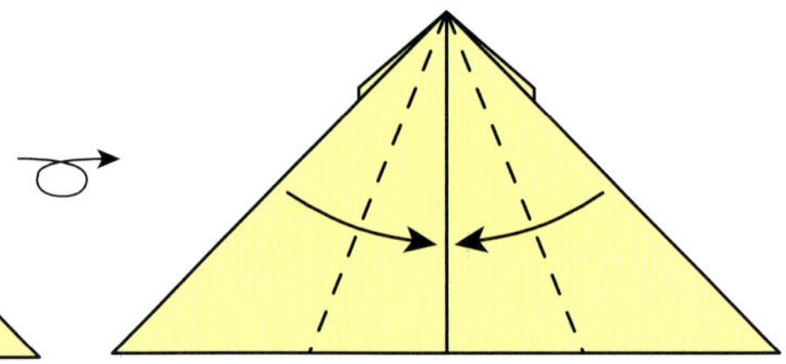

12. Falten Sie die beiden Kanten zur Vertikalen.

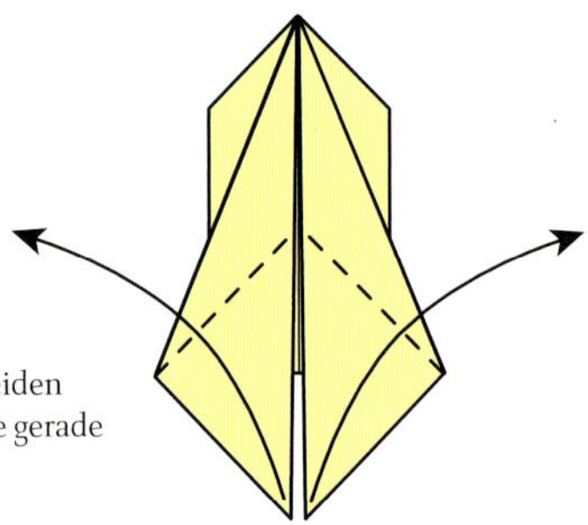

13. Falten Sie die Spitzen der beiden Flügel nach außen. Sie sollen eine gerade horizontale Linie bilden.

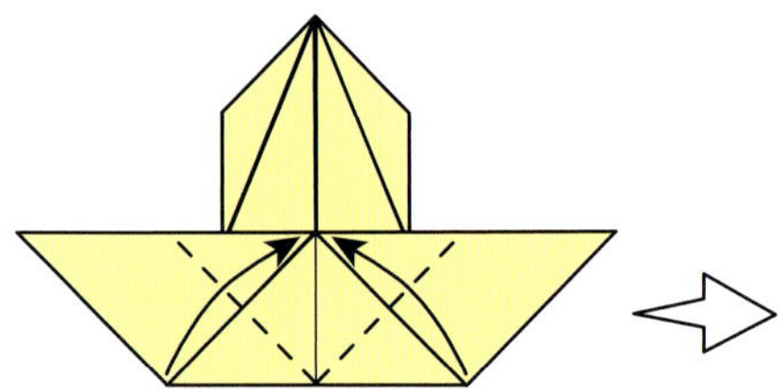

14. Beginnen Sie nun, die Ohren wie dargestellt zu falten. Das nächste Bild ist vergrößert.

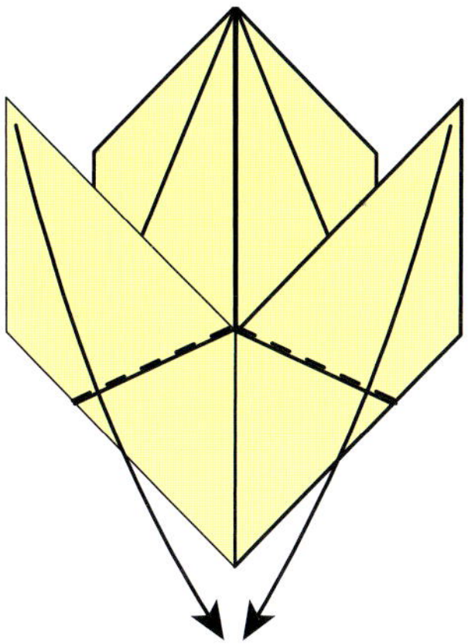

15. Falten Sie die Ohren nach unten, wobei Sie die Kanten der oberen Papierlagen als Orientierungshilfe benutzen, um den Falz zu platzieren.

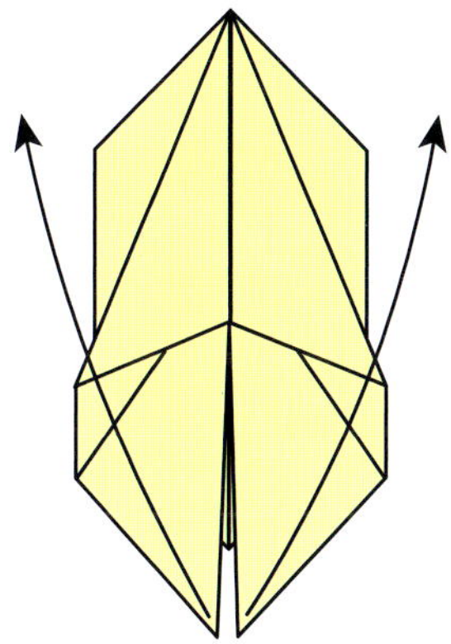

16. Streichen Sie fest aus und öffnen Sie wieder.

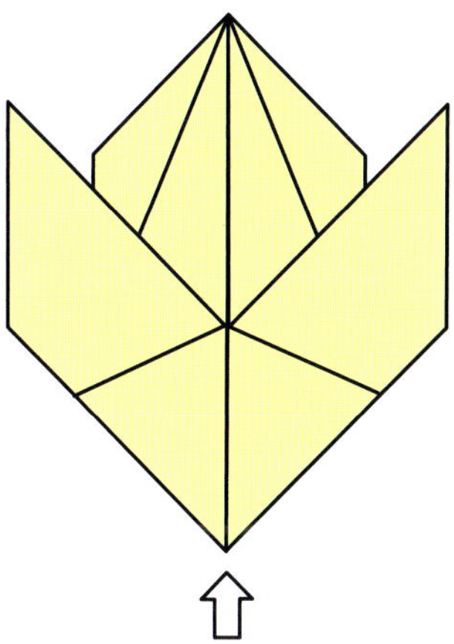

17. Blasen Sie das Häschen vorsichtig durch die Nasenspitze auf, bis es aussieht wie auf Bild 18.

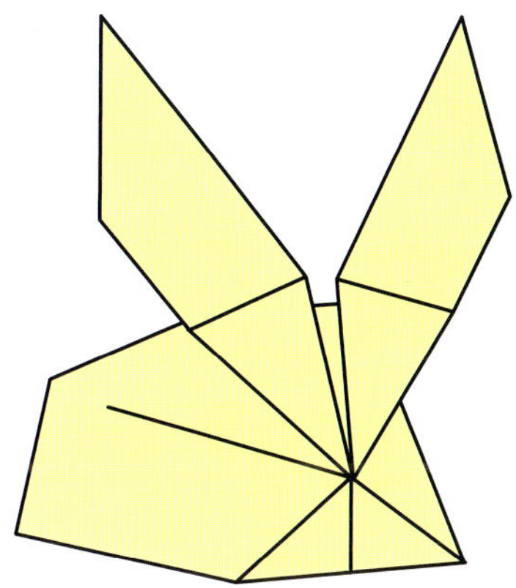

18. Das ist das niedliche Häschen.

Goldfisch

Dieses Modell wurde in den späten 1950er-Jahren in der Hongkonger Zeitschrift Children's Paradise *veröffentlicht. Philip Shen machte es populär.*

Material
Ein quadratischer Einzelbogen Papier.

Der Goldfisch ist ein kleiner Süßwasserfisch und stammt ursprünglich aus China. Aufgrund seiner goldenen Farbe symbolisiert er im Volksglauben Wohlstand und Glück. Aus diesem Grund sind rote Umschläge oder *hong bao* häufig mit Goldfischen dekoriert.

Wie das Häschen wird auch der Goldfisch aus der traditionellen Wasserbombengrundform entwickelt.

Es geht los mit Schritt 1 bis 13 des Häschens (*siehe Seite 35-36*).

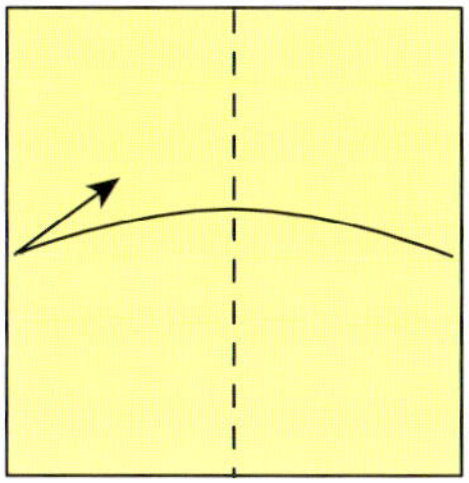

1. Falten Sie nach links und öffnen Sie wieder.

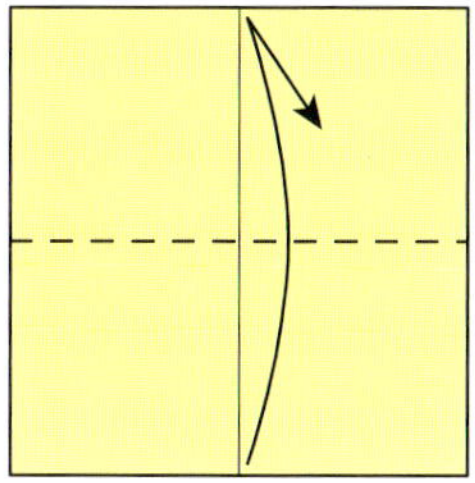

2. Falten Sie nach oben und öffnen Sie wieder.

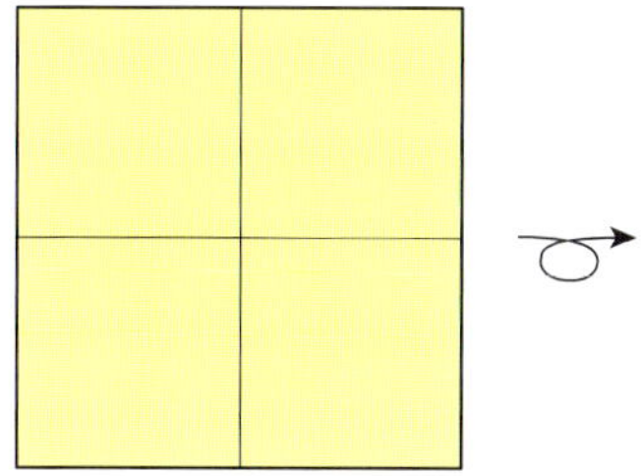

3. Wenden Sie die Form.

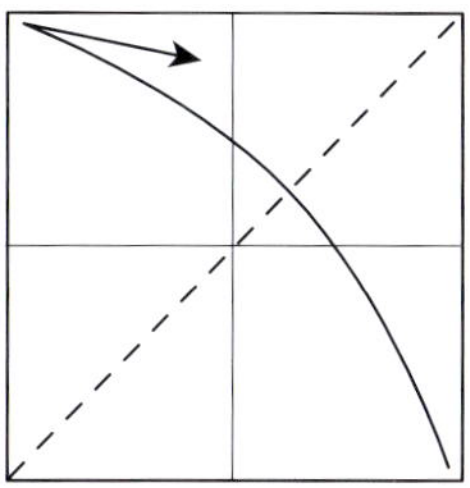

4. Falten Sie diagonal und öffnen Sie wieder.

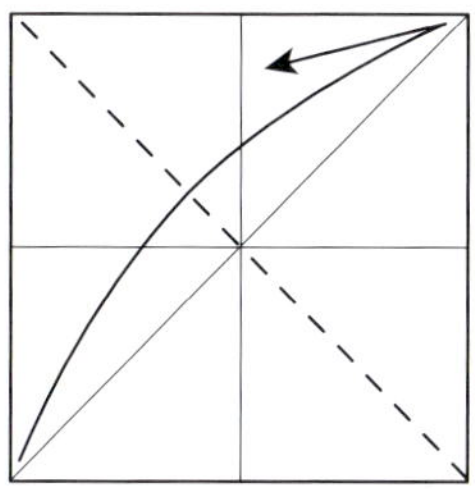

5. Falten Sie in der anderen Diagonalen und öffnen Sie wieder.

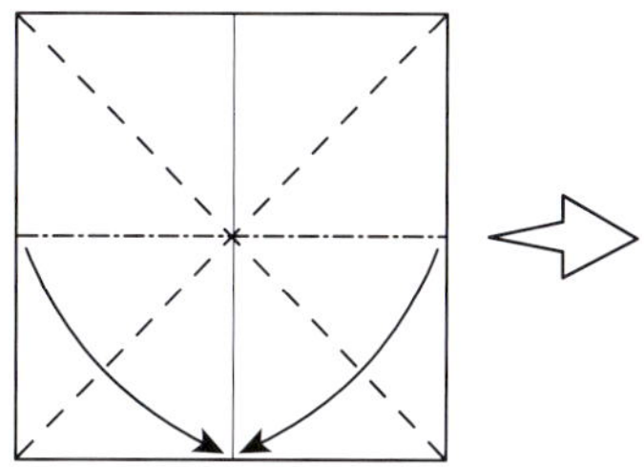

6. Ziehen Sie die Form zur Wasserbombe. Das nächste Bild ist vergrößert.

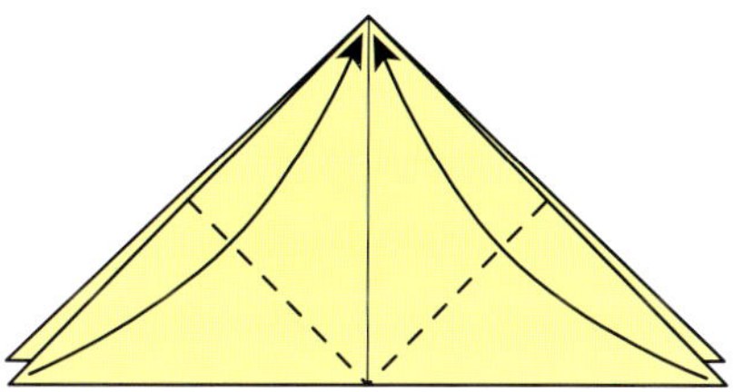

7. Falten Sie die vorderen Spitzen nach oben.

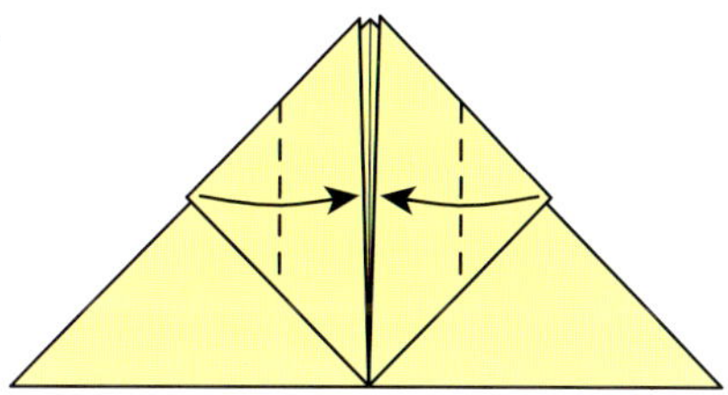

8. Falten Sie die Ecken der oberen Lagen nach innen zur Vertikalen. Die neuen Falze sollen parallel zur Vertikalen verlaufen.

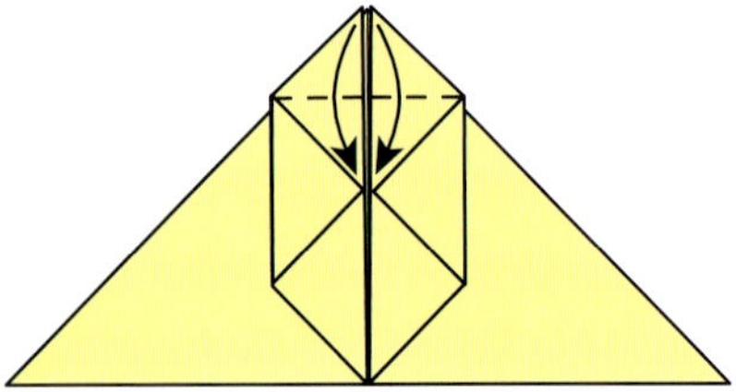

9. Falten Sie die Flügelspitzen der oberen Lage nach unten. Dabei entsteht eine Doppeltasche.

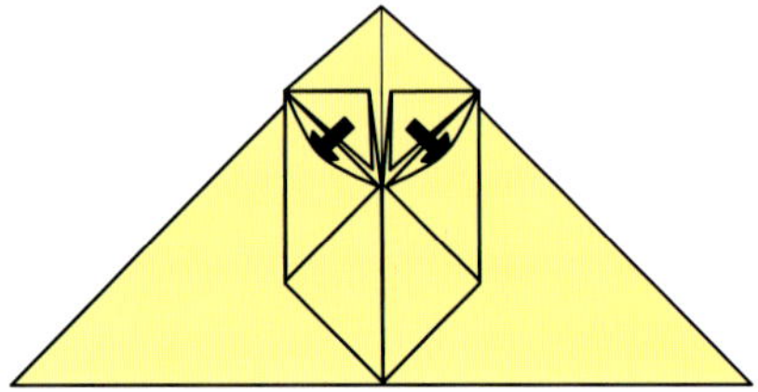

10. Falten Sie die beiden Flügel in die Taschen darunter. Streichen Sie die Falze fest aus.

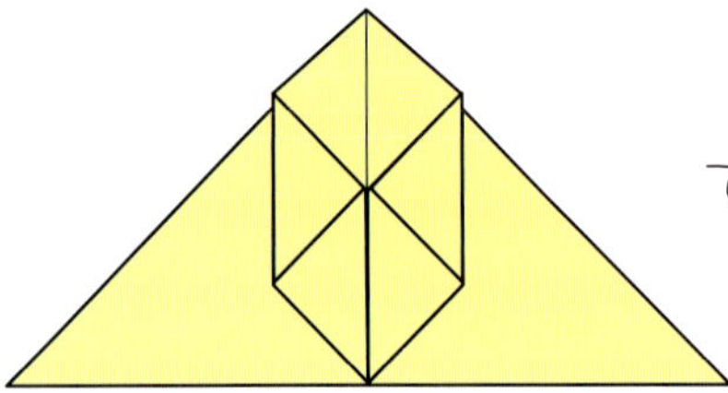

11. Wenden Sie die Form.

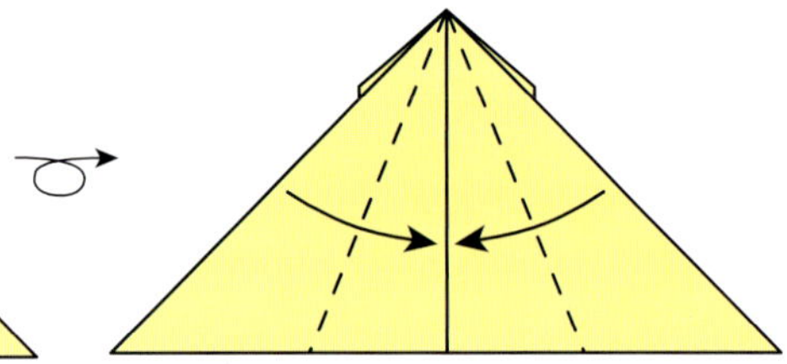

12. Falten Sie die beiden Kanten zur Vertikalen.

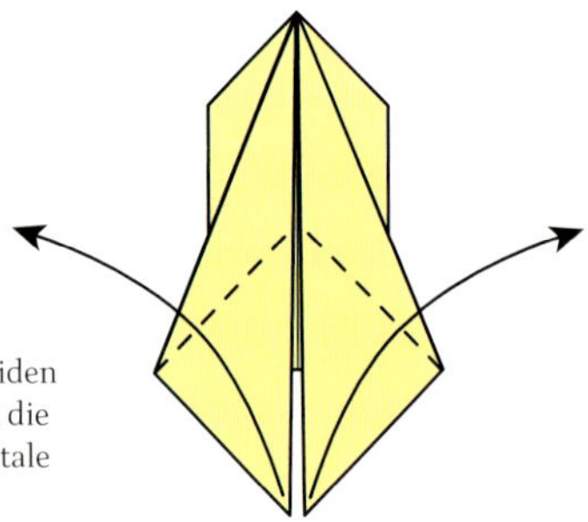

13. Falten Sie die Spitzen der beiden Flügel nach außen. Danach sollen die Flügelspitzen eine gerade horizontale Linie bilden.

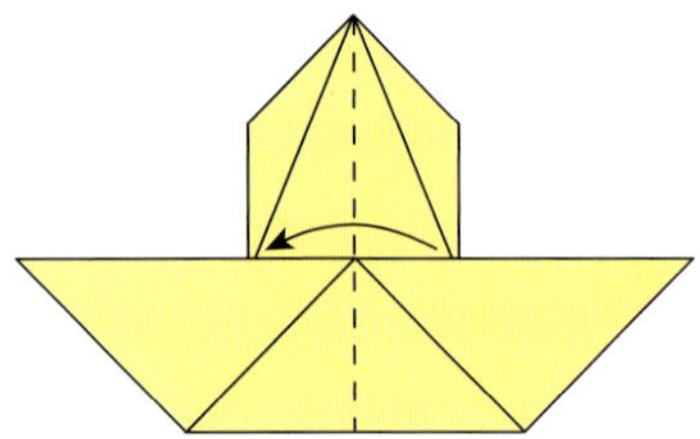

14. Falten Sie die rechte obere Lage nach links.

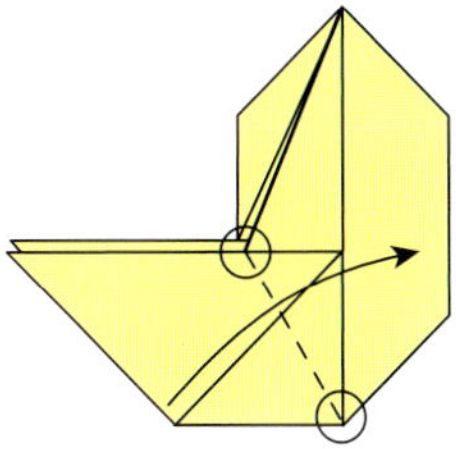

15. Falten Sie die linke obere Lage wieder nach rechts. Den Falz platzieren Sie an den mit einem Kreis markierten Stellen.

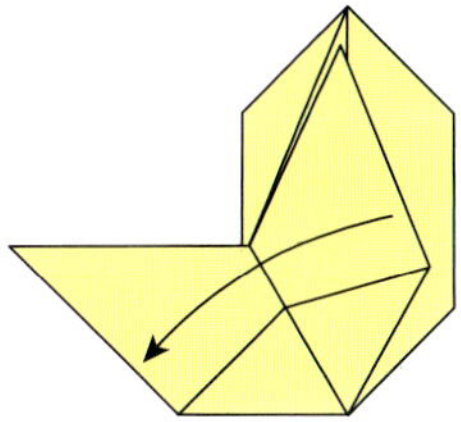

16. Streichen Sie den Falz fest aus und öffnen Sie wieder.

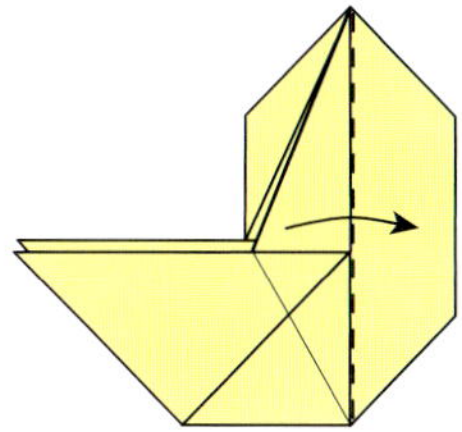

17. Falten Sie die beiden oberen Flügel nach rechts.

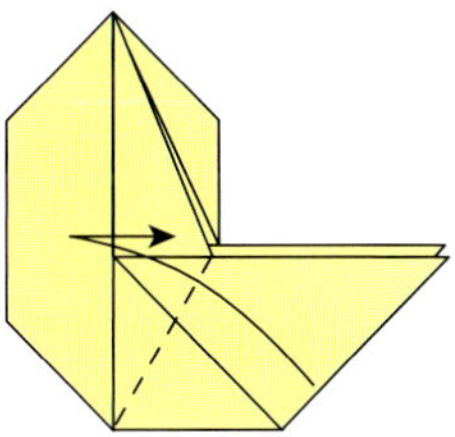

18. Wiederholen Sie Schritt 15 und 16 mit der rechten Hälfte.

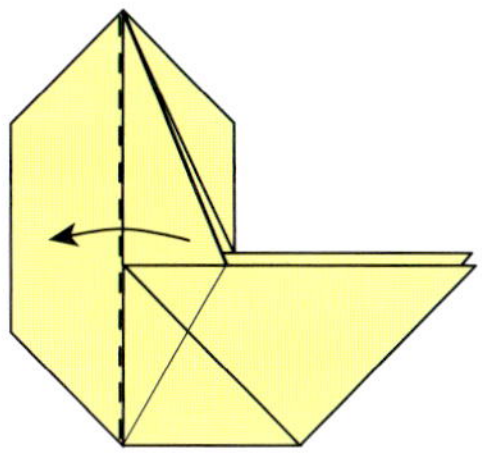

19. Falten Sie den oberen Flügel wieder nach links.

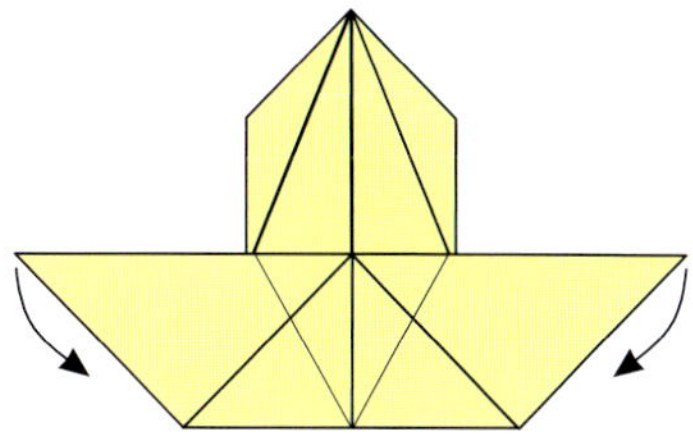

20. Stellen Sie beide Flügel im rechten Winkel auf und blasen Sie die Form vorsichtig durch das Loch unten auf.

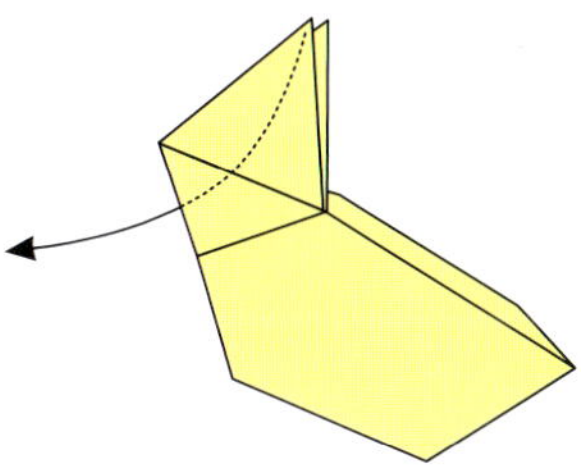

21. Schieben Sie die obere Flosse nach unten und zwischen den Papierlagen durch. Dies ist der Schwanz.

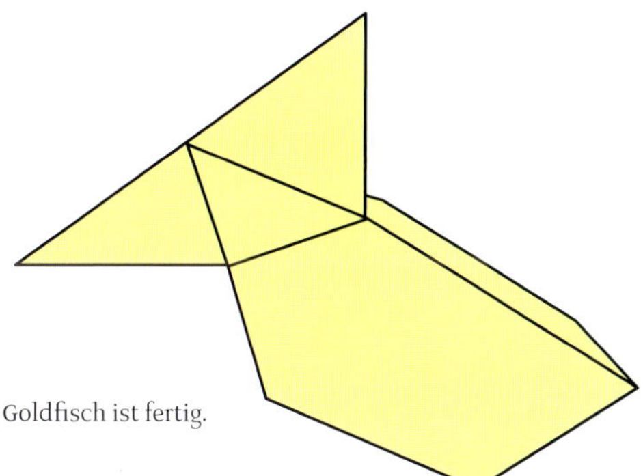

22. Der Goldfisch ist fertig.

Schildkröte

Der Ursprung dieses traditionellen Modells lässt sich nicht eindeutig bestimmen. Der Papierfalter Francis Ow aus Singapur lernte es in den 1950er-Jahren von seiner Tante, sodass es in der chinesischen Gemeinschaft damals wohl bekannt war. Sein Gebrauch in Japan lässt sich nur bis in die 1970er-Jahre zurückverfolgen. Das Modell birgt damit ein Geheimnis, denn seine Gestaltung leitet sich eindeutig vom traditionellen Kranich ab, der als das traditionelle japanische Origamimodell schlechthin gilt.

In der chinesischen Mythologie stellt die Schildkröte ein Glückstier dar. Manche Schildkrötenarten werden über 150 Jahre alt. Deshalb überrascht es nicht, dass die Schildkröte langes Leben und Glück symbolisiert. Wer die Schildkröte an der Hintertür seines Hauses anbringt, wird das Glück anziehen, sagt man. Diese spezielle Schildkröte zählt nicht zu den realistischsten Origamimodellen. Bemerkenswert ist allerdings der letzte Faltgang, durch den sich ein komplexes Gebilde aus Papierlagen und -flügeln mit einer geschmeidigen Bewegung in die dreidimensionale Schildkröte verwandelt.

Material
Ein quadratischer Einzelbogen Papier.

Sie beginnen mit Schritt 1 bis 6 des Häschens (*siehe Seite 35*).

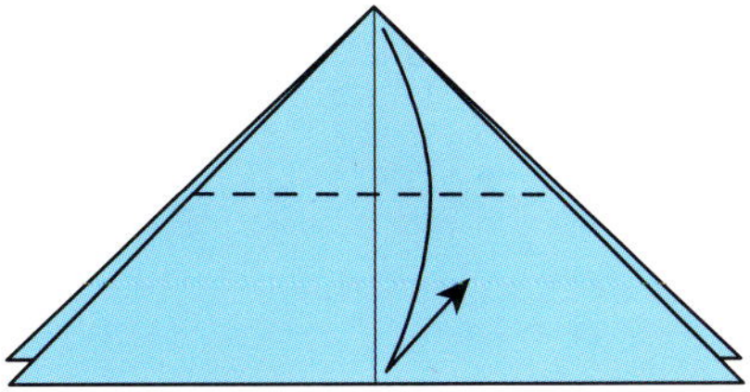

7. Falten Sie nach unten und öffnen Sie wieder.

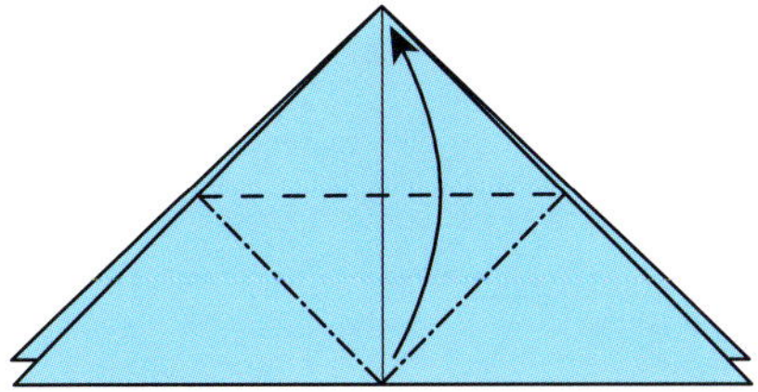

8. Falten Sie nur die obere Lage anhand des Falzes von Schritt 7 nach oben und glätten Sie die Form. Das Ergebnis sieht aus wie Bild 9.

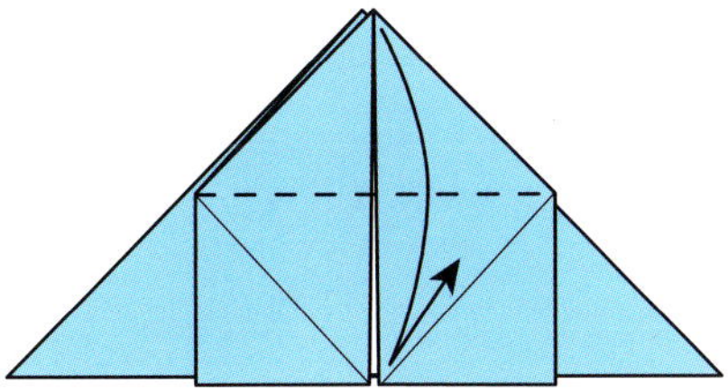

9. Falten Sie nur die obere Lage nach unten und öffnen Sie wieder.

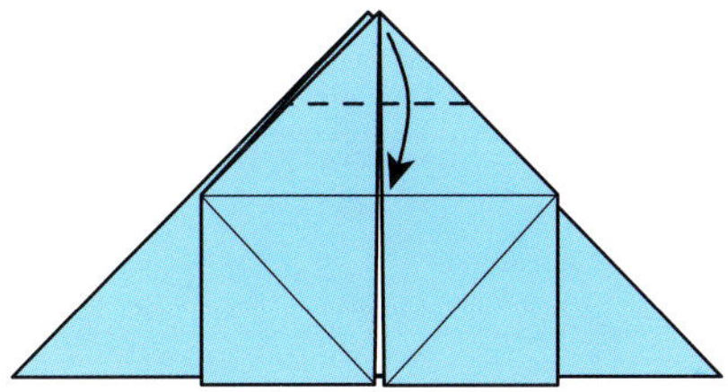

10. Falten Sie die Spitze der oberen Lage nach unten.

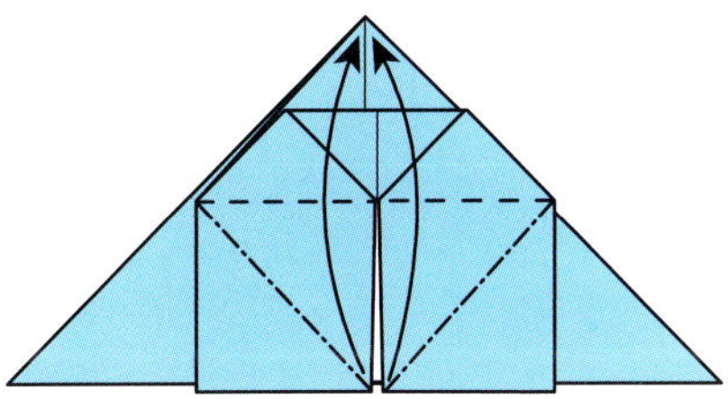

11. Falten Sie nur die obere Lage anhand des Falzes von Schritt 9 nach oben und glätten Sie die Form. Das Ergebnis sieht aus wie Bild 12.

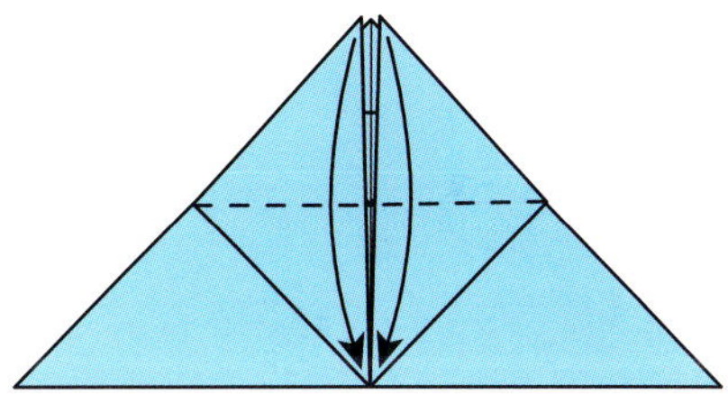

12. Falten Sie die Flügel der oberen Lage nach unten.

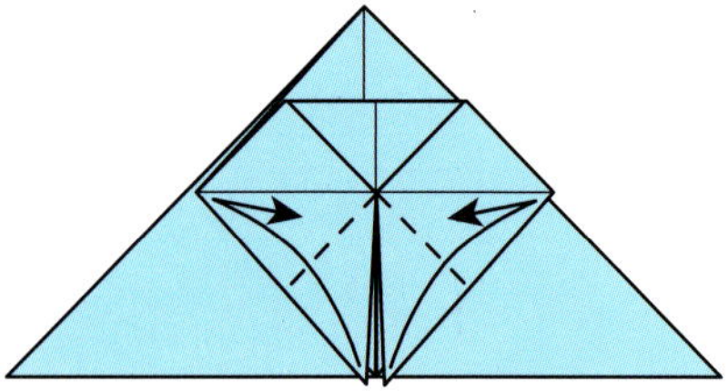

13. Falten Sie die beiden dreieckigen Flügelchen wie dargestellt nach innen und öffnen Sie wieder.

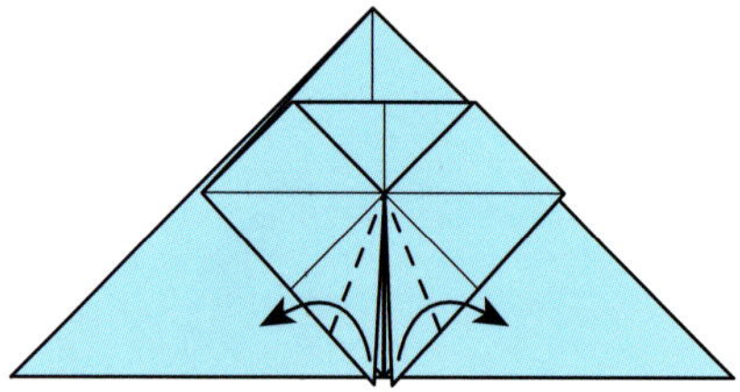

14. Falten Sie die Flügelspitzen anhand der Falze von Schritt 13 nach außen.

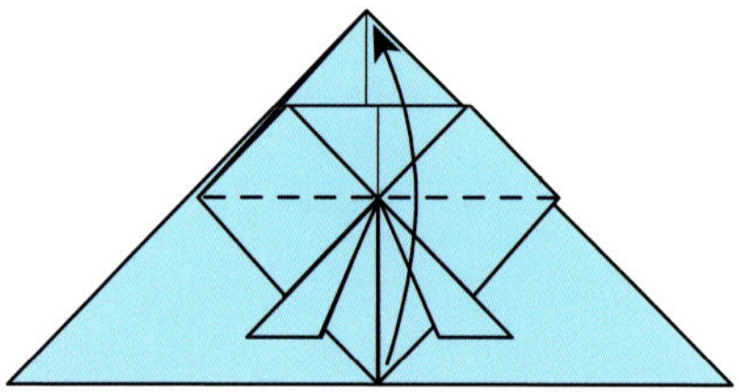

15. Falten Sie die oberen Lagen wieder nach oben.

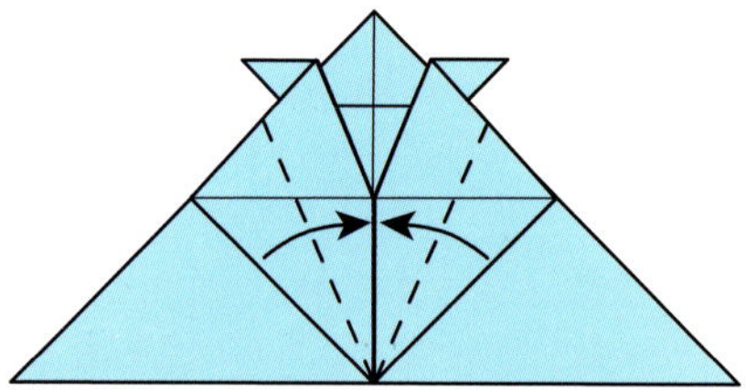

16. Falten Sie die Ecken der oberen Lagen nach innen.

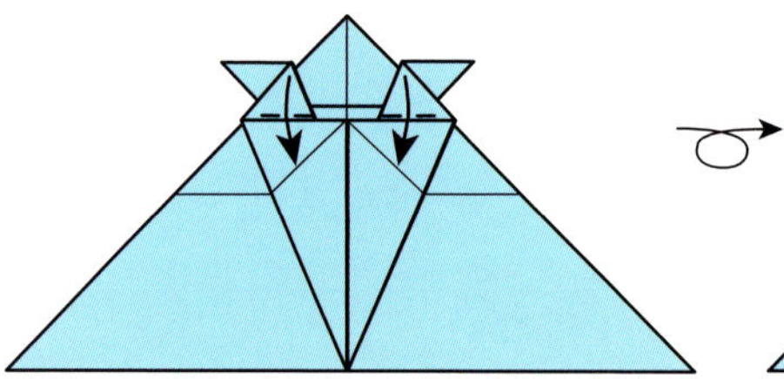

17. Falten Sie die Füße nach unten auf die darunter liegenden Lagen. Wenden Sie die Form.

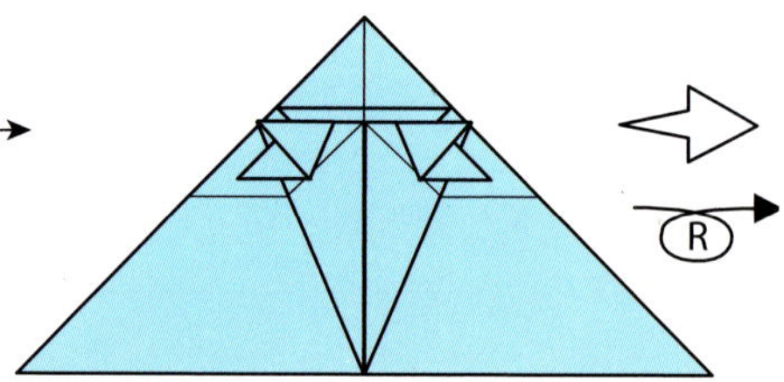

18. Wiederholen Sie Schritt 8 bis 17 mit dieser Seite der Form. Das nächste Bild ist vergrößert.

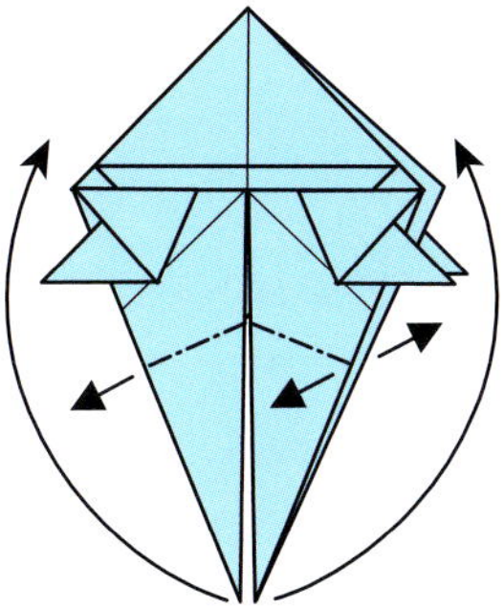

19. Öffnen Sie die Lagen und drücken Sie die Spitzen soweit wie möglich zwischen ihnen hindurch nach oben. Das Ergebnis sieht aus wie Bild 20.

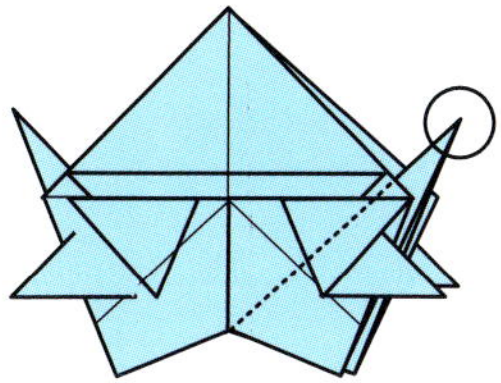

20. Die folgenden Bilder zeigen nur den mit einem Kreis markierten Innenflügel.

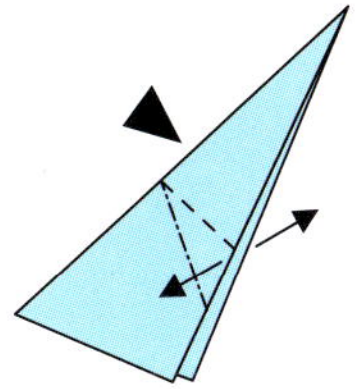

21. Drücken Sie die Lagen auseinander und falten Sie die Spitze zwischen ihnen hindurch nach unten. Dies ist der Kopf.

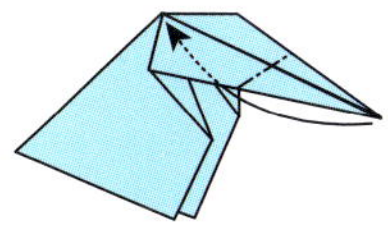

22. Sie gestalten den Kopf, indem Sie die Schnabelspitze zurückfalten.

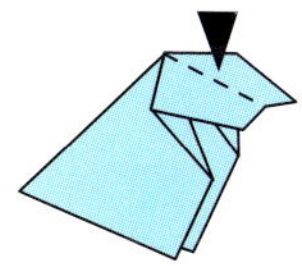

23. Falten Sie den Kopf wie dargestellt in der Mitte und drücken Sie das Papier zwischen die anderen Lagen.

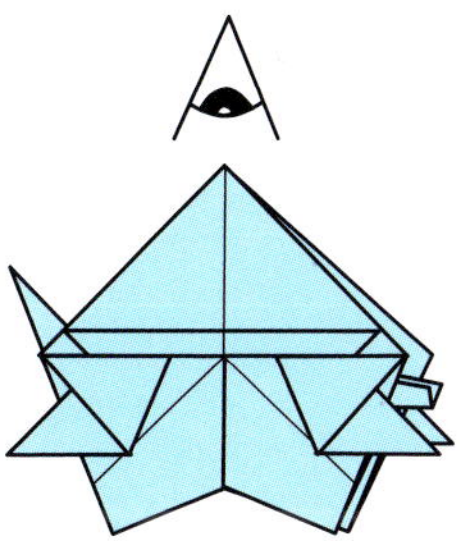

24. Das nächste Bild zeigt die Form von oben.

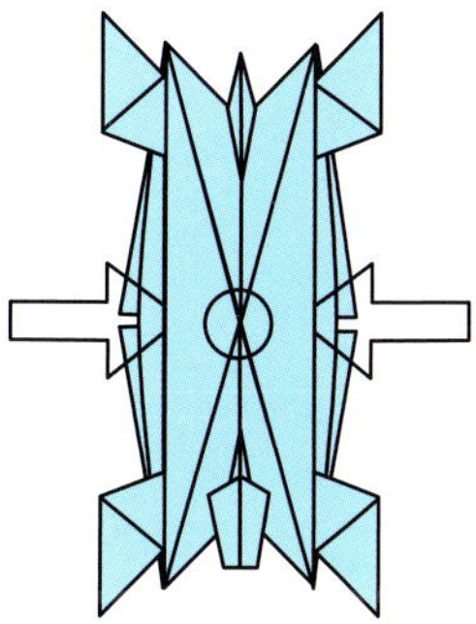

25. Schieben Sie die Daumen in die mit einem Pfeil markierten Taschen und ziehen Sie die Form vorn auseinander. Die mit einem Kreis markierte Stelle wird flach.

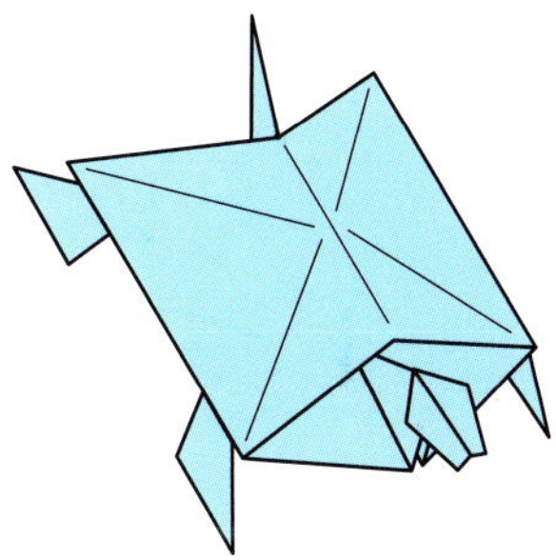

26. Fahren Sie fort, bis die Schildkröte wie auf dem Bild aussieht.

Trinkender Vogel

Die amerikanische Papierfalterin Laura Kruskal lernte dieses Modell 1989 bei einem Aufenthalt in Peking kennen, als sie an der dortigen Universität Englisch lehrte. Damals nutzte sie Origami als Unterrichtsmittel. In jene Zeit fielen auch der Besuch des sowjetischen Präsidenten Gorbatschow, der am chinesisch-sowjetischen Gipfel teilnahm, und die Studentenproteste auf dem Platz des Himmlischen Friedens. Bis zu ihrem brutalen Ende verliefen die Proteste so friedlich, dass Laura Kruskal weiterhin jeden Tag mit ihren Studenten auf dem Platz falten konnte. Auf die Bitte hin, ihr ein Origamimodell zu zeigen, faltete eine Studentin ein bewegliches Modell, das sie von ihrer Großmutter gelernt hatte. Nach der Rückkehr in die USA entdeckte Laura Kruskal, dass dieses Modell im Westen gänzlich unbekannt war, und gab ihm den Namen Trinkender Vogel.

Der Trinkende Vogel ist ein wunderbares bewegliches Modell, das aus der traditionellen Vogelgrundform entwickelt wird. Mit einer kleinen Handbewegung bringt man den Vogel dazu, wiederholt den Kopf zum Wasserbehälter hinabzusenken und ihn zwischendurch wieder zu heben, so als ob er wachsam nach Gefahr Ausschau hält.

Material
Ein quadratischer Einzelbogen Papier.

Die farbige Seite des Bogens weist zu Beginn nach oben.

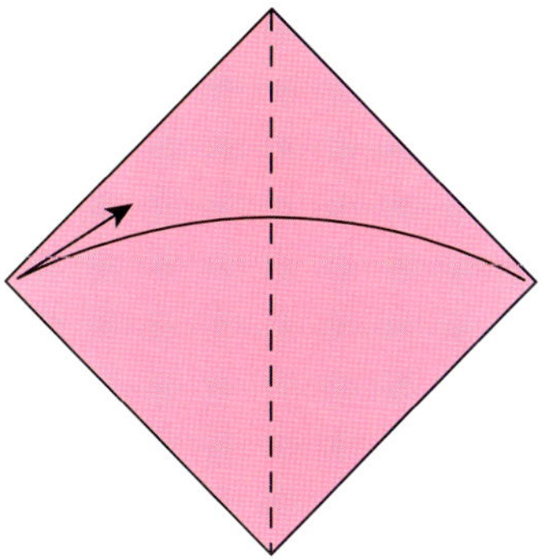

1. Falten Sie diagonal und öffnen Sie wieder.

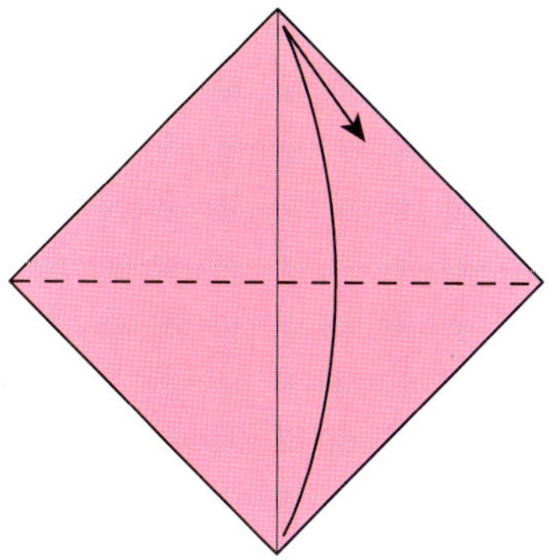

2. Falten Sie nach oben und öffnen Sie wieder.

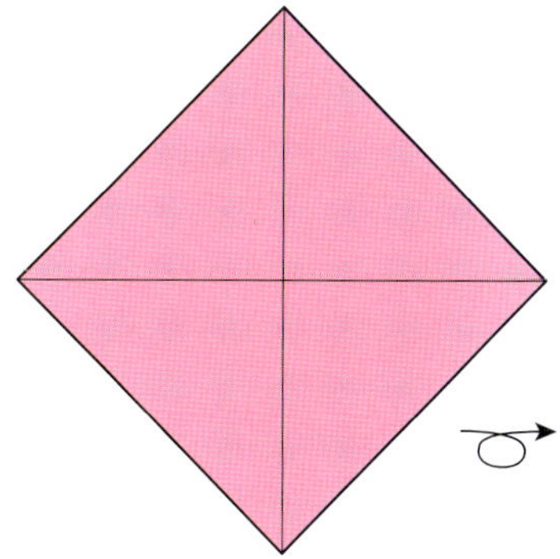

3. Wenden Sie die Form.

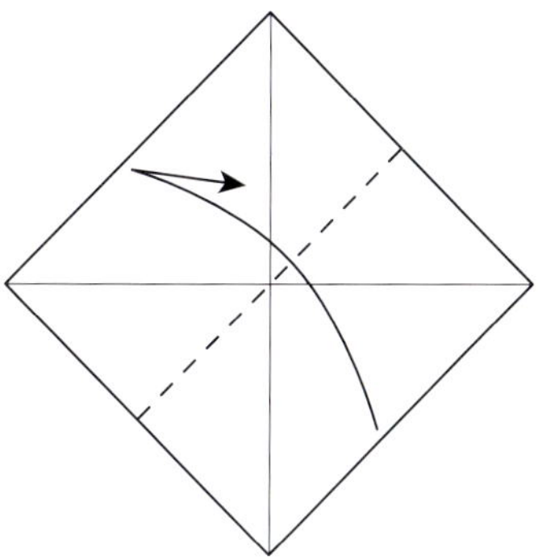

4. Falten Sie diagonal und öffnen Sie wieder.

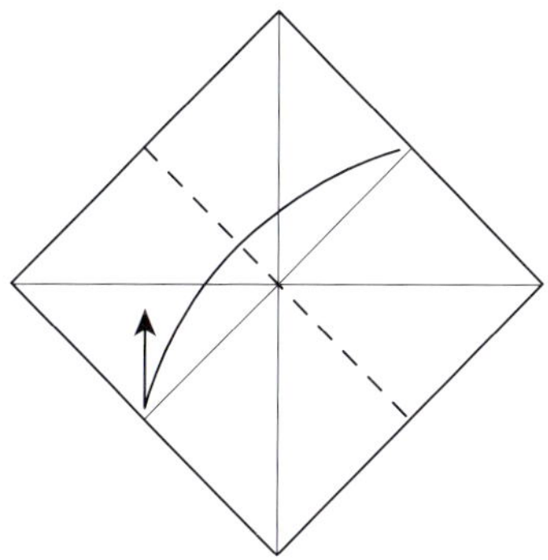

5. Falten Sie in der anderen Diagonalen und öffnen Sie wieder.

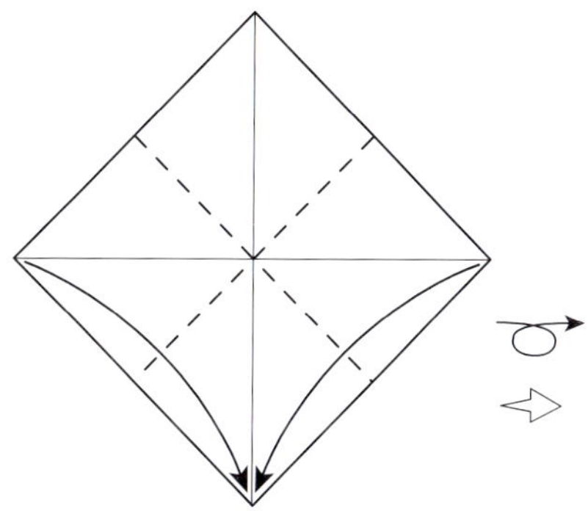

6. Falten Sie beide Ecken nach unten. Dabei wird die obere Ecke automatisch auch nach unten gezogen. Das nächste Bild ist vergrößert. Wenden Sie die Form.

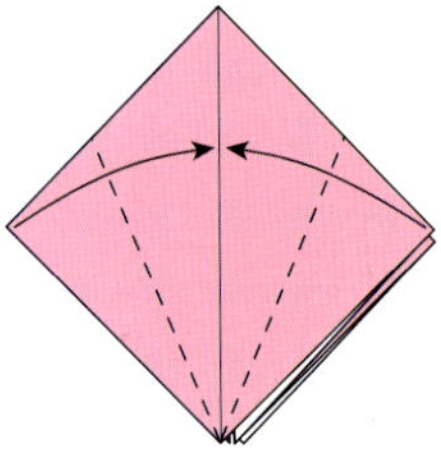

7. Falten Sie die beiden Ecken zur Vertikalen.

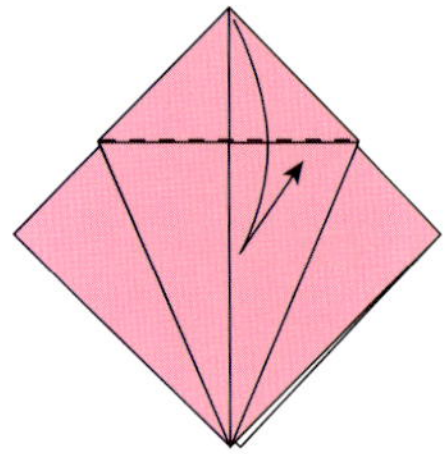

8. Falten Sie die obere Spitze nach unten und öffnen Sie wieder.

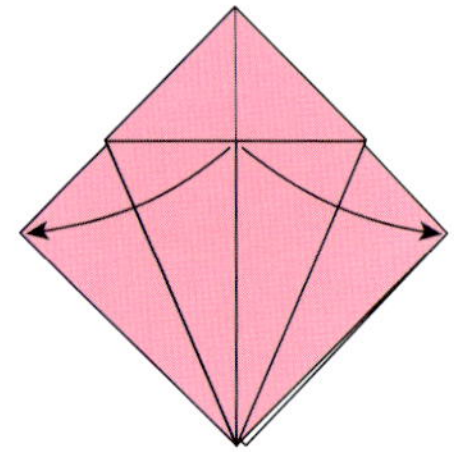

9. Öffnen Sie die Faltungen von Schritt 7.

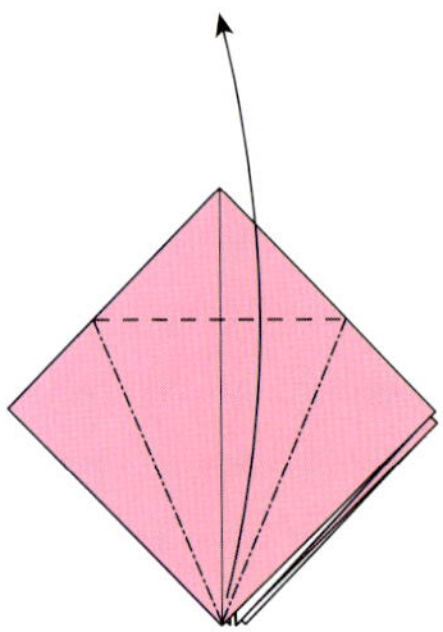

10. Falten Sie die obere Lage der Spitze nach oben. Das Ergebnis sieht aus wie Bild 11.

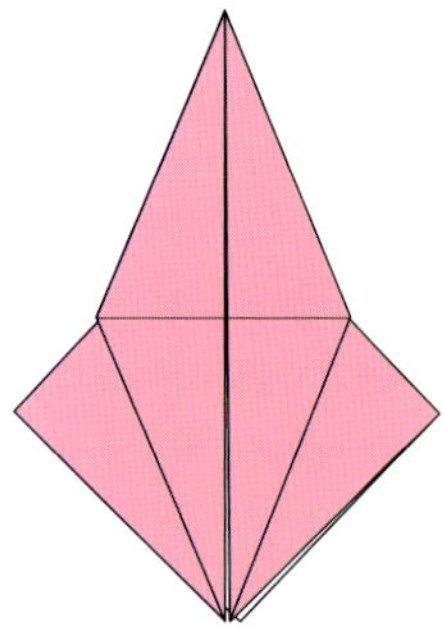

11. Wenden Sie die Form und wiederholen Sie Schritt 7 bis 10 mit dieser Seite.

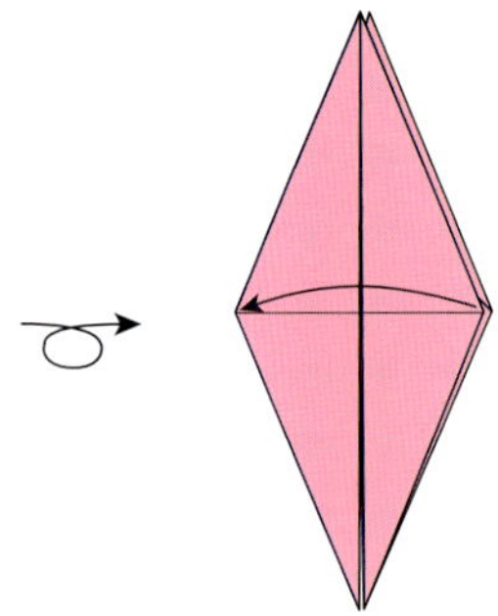

12. Falten Sie die obere Lage nach links.

13. Wenden Sie die Form und wiederholen Sie Schritt 12.

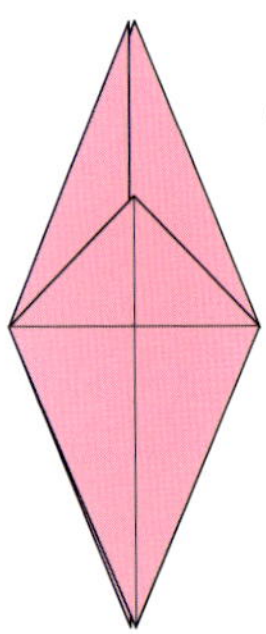

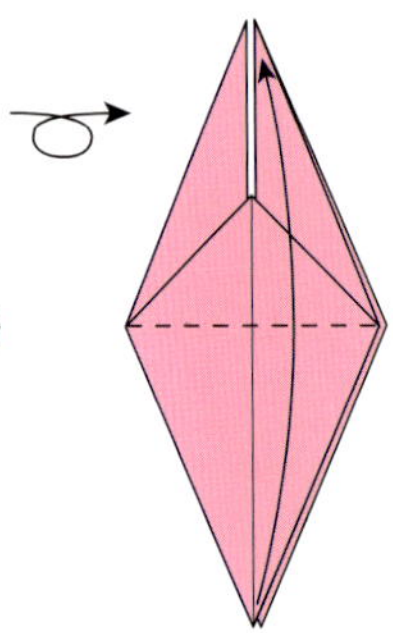

14. Falten Sie den oberen Flügel nach oben.

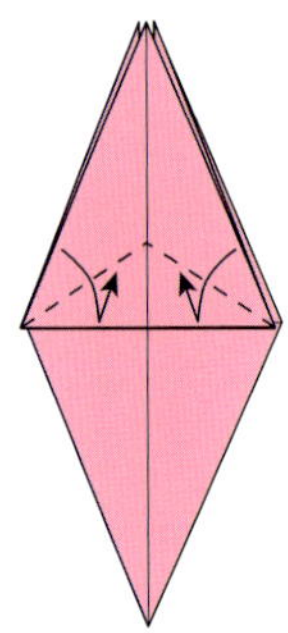

15. Falten Sie die obere Lage links wie dargestellt und öffnen Sie wieder. Wiederholen Sie den Schritt mit der rechten Hälfte.

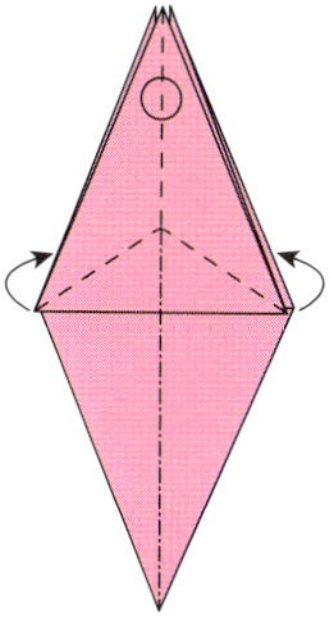

16. Falten Sie nach hinten. Dabei wird der mit einem Kreis markierte Flügel nach vorne gedrückt. Das Ergebnis sieht aus wie Bild 17.

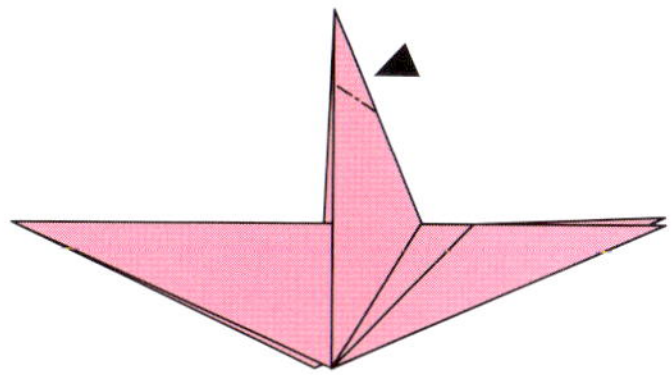

17. Drücken Sie die Flügelspitze zwischen den Papierlagen durch, um Kopf und Schnabel zu formen.

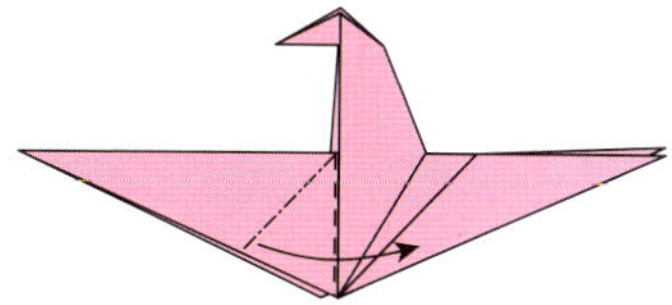

18. Klappen Sie die linke Spitze nach unten und glätten Sie die Form. Das Ergebnis sieht aus wie Bild 19.

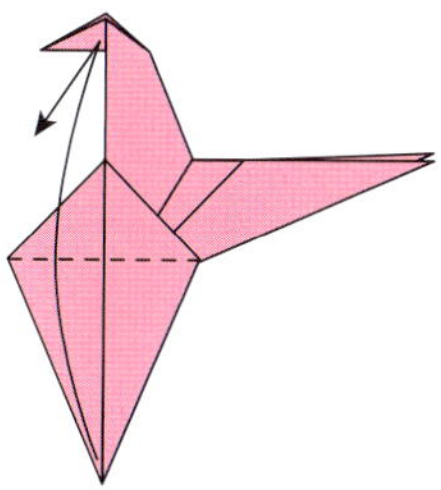

19. Falten Sie die Spitze nach oben und öffnen Sie wieder.

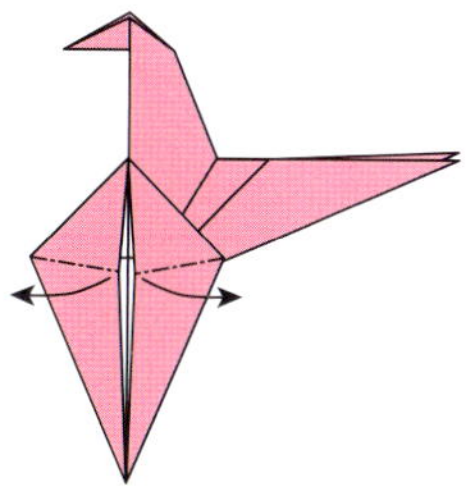

20. Öffnen Sie den Flügel, um den Wasserbehälter zu gestalten.

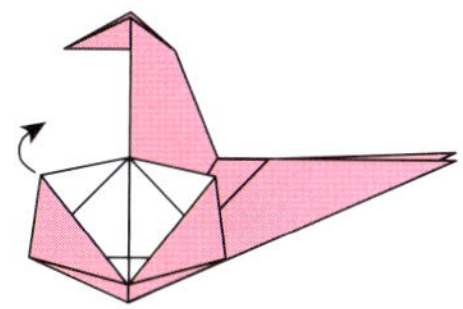

21. Klappen Sie den Wasserbehälter vor den Vogel.

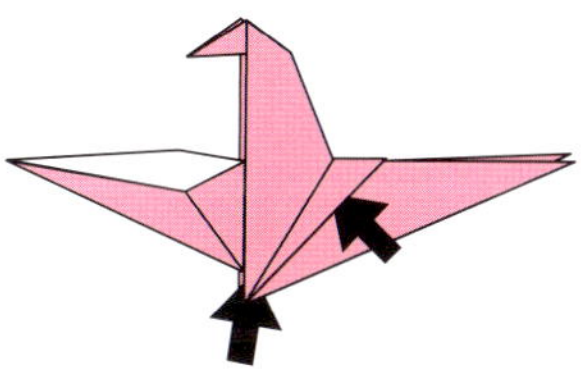

22. Schieben Sie Daumen und Zeigefinger der linken Hand zwischen die äußeren Lagen rechts vom Wasserbehälter und fassen Sie fest zu. Schieben Sie Daumen und Zeigefinger der rechten Hand unter die Flügel zu beiden Seiten des Schwanzes.

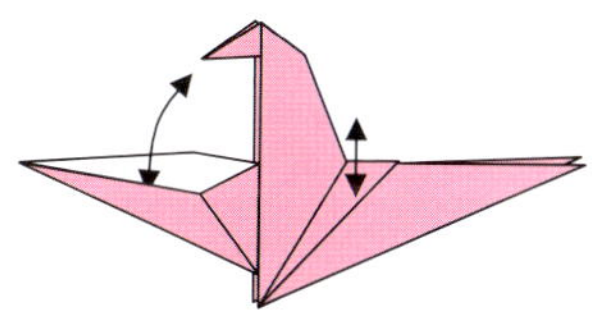

23. Wenn Sie die rechte Hand vorsichtig auf und ab bewegen, taucht der Vogel seinen Kopf in den Wasserbehälter und hebt ihn dann wieder.

Omega-Stern

Dieses Modell wurde von dem Papierfalter Philip Shen in Hongkong entwickelt. Grundlage dafür war ein modulares Modell des amerikanischen Falters Ed Sullivan.

Der Omega-Stern ist ein wunderbarer Vertreter des modernen chinesischen Origami. Die Falttechnik, bei der man verschiedene Papierbogen zu Einzelteilen faltet und diese dann ohne Klebstoff zu einer komplexen Form vereinigt, nennt man modulares Origami. Der Omega-Stern gilt vielen unter Kennern als eines der schönsten Modelle im Repertoire des zeitgenössischen Papierfaltens.

Material
Sechs quadratische Papierbogen. Am besten verwenden Sie je zwei Bogen in drei verschiedenen Farben.

Es geht los mit Schritt 1 bis 6 des Häschens (*siehe Seite 35*).

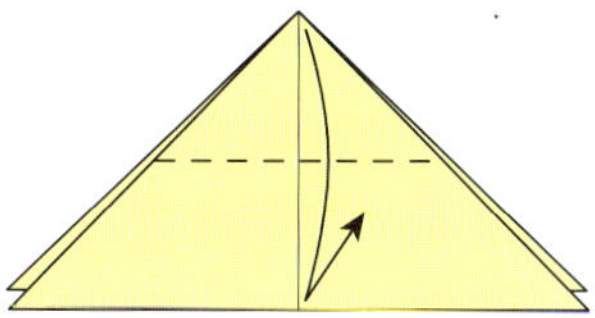

7. Falten Sie die Spitze nach unten zur Mitte der Unterkante und öffnen Sie wieder.

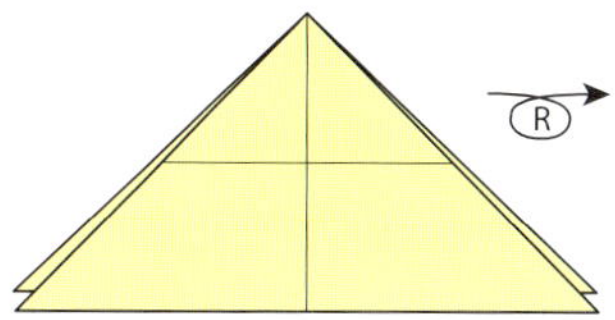

8. Wenden Sie die Form und wiederholen Sie Schritt 7 mit dieser Seite.

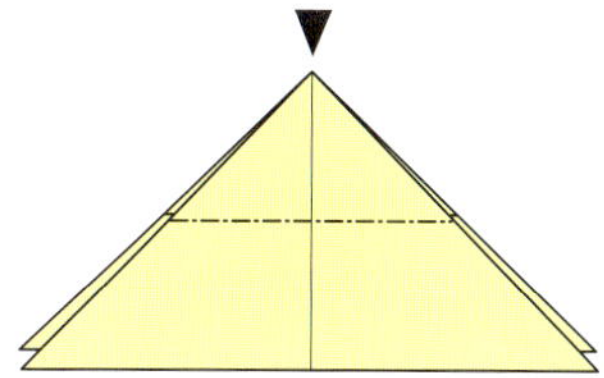

9. Schieben Sie die Spitze zwischen den Lagen hindurch nach unten.

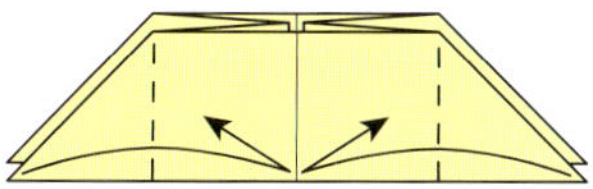

10. Falten Sie beide Spitzen nach innen zur Mitte und öffnen Sie wieder.

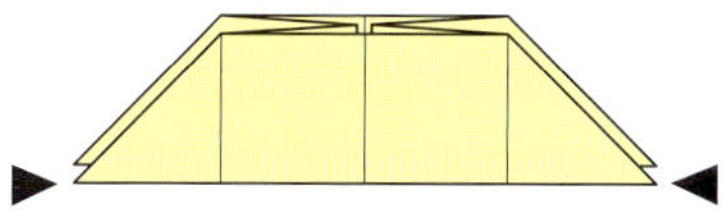

11. Schieben Sie die beiden oberen Spitzen zwischen den Lagen hindurch nach innen.

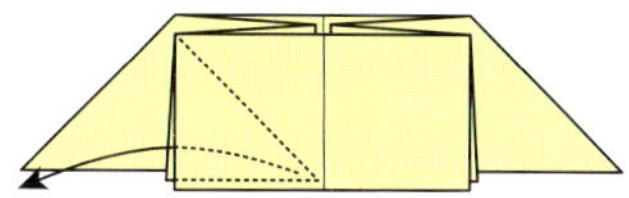

12. Öffnen Sie nur die linke Spitze wieder.

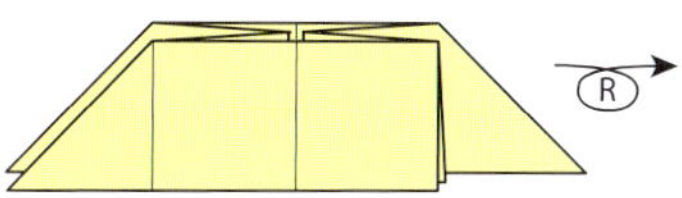

13. Wenden Sie die Form und wiederholen Sie Schritt 10 bis 12 mit dieser Seite.

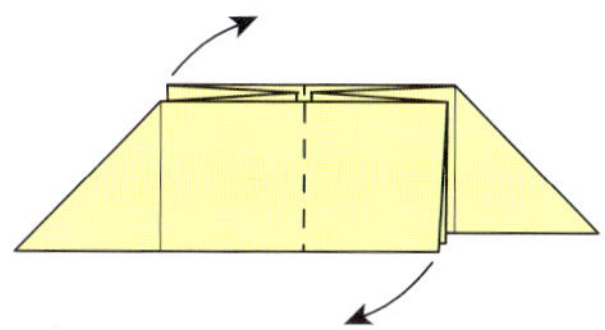

14. Stellen Sie beide Flügel im rechten Winkel auf.

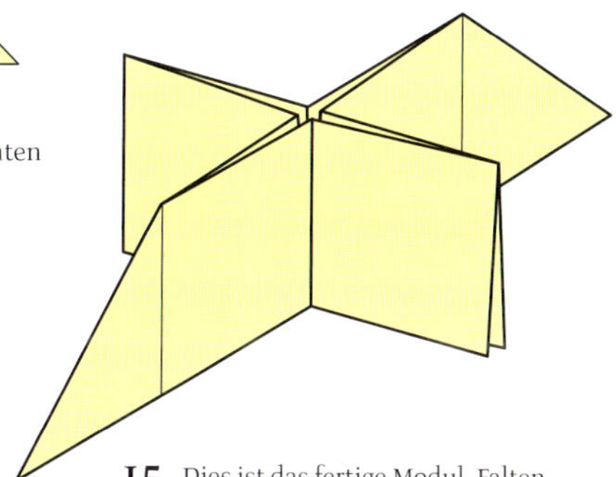

15. Dies ist das fertige Modul. Falten Sie auf dieselbe Weise insgesamt sechs Module.

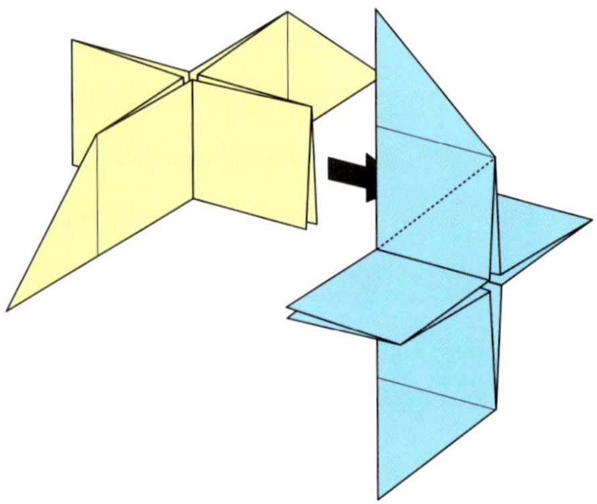

16. Schieben Sie zwei Module ineinander. Dabei stecken Sie die Zwillingsflügel des ersten Moduls in die verdeckte Lage des zweiten Moduls hinein.

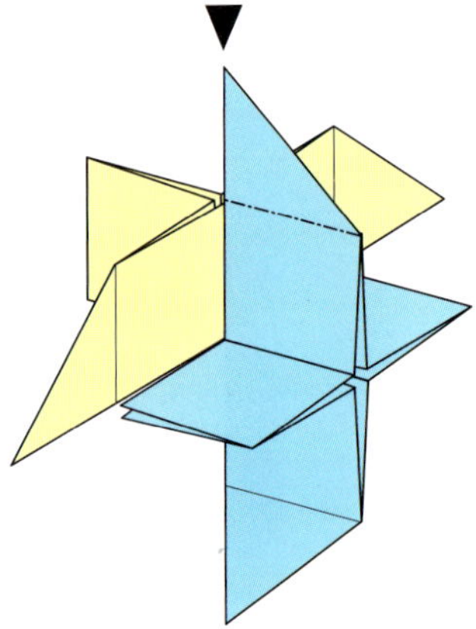

17. Schieben Sie die Spitze des zweiten Moduls zwischen den Lagen hindurch nach unten, um die Module zu verklammern.

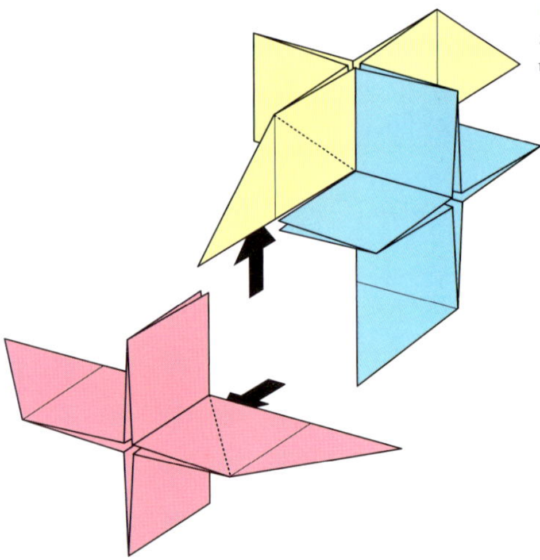

18. Ergänzen Sie das dritte Modul, indem Sie einen Flügel in das erste Modul schieben und einen Flügel auf das zweite Modul.

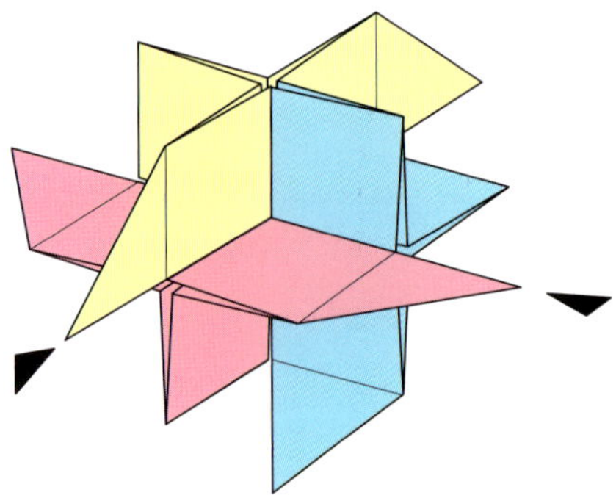

19. Schieben Sie die beiden Spitzen zwischen den Lagen hindurch nach innen, um die Module zu verklammern.

20. Ergänzen Sie nacheinander die restlichen Module und verklammern Sie sie. Das Ergebnis sieht aus wie Bild 21.

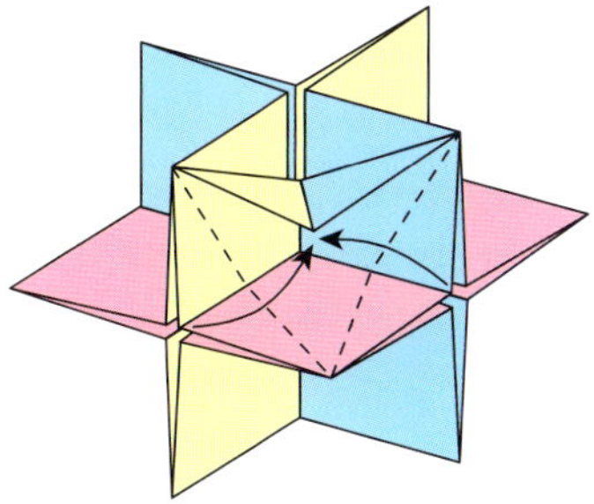

21. Nun wird die Form in einen Stern verwandelt. Dafür falten Sie zwei Innenecken kragenartig nach außen.

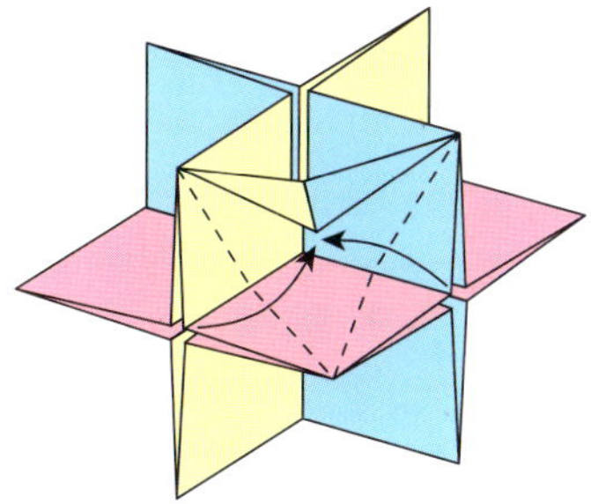

22. Falten Sie zwei weitere Innenecken kragenartig nach außen.

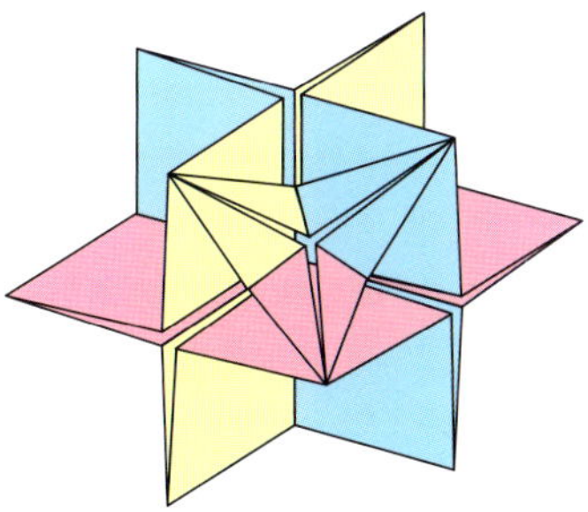

23. Allmählich zeichnet sich der Omega-Stern ab. Wiederholen Sie Schritt 21 und 22 mit den sieben restlichen Bereichen.

24. Fertig ist der Omega-Stern! Sie können die „Kragen" vorsichtig runden, um die Schönheit dieses wunderbaren Modells zu betonen. Der Omega-Stern eignet sich als freistehende Dekoration wie als Hängedeko. Um ihn aufzuhängen, fädeln Sie ein Stück Watte durch die Spitze eines Moduls und kleben es innen an einem der Arme fest.

Himmelsgeld-Deko

Ob dieses Modell traditionell oder modern ist, ist nicht bekannt. Der Verfasser entdeckte es bei einem Besuch in der New Yorker Chinatown.

Die Himmelsgeld-Deko ist eine komplexere und raffiniertere Variante des Neujahrsschmucks. Sie beruht auf dem Trikontaeder, einem geometrischen Körper mit 30 Rhomben. Himmelsgeld imitiert in Größe und Aussehen echte Geldscheine. Die auf den Himmelsbanknoten notierten Beträge sind sehr hoch: Warum sollte man den Ahnen auch niedrige Beträge zukommen lassen, wenn hohe Beträge möglich sind?

Material
Die 30 Himmelsbanknoten aus dem Set.

Hier entscheiden Sie selbst, welche Papierseite außen liegen soll. Diese Seite muss zu Beginn nach oben weisen.

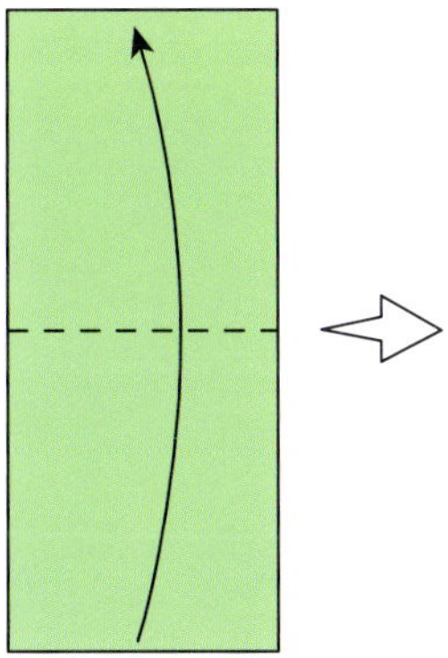

1. Falten Sie nach oben. Bild 2 bis 6 sind vergrößert.

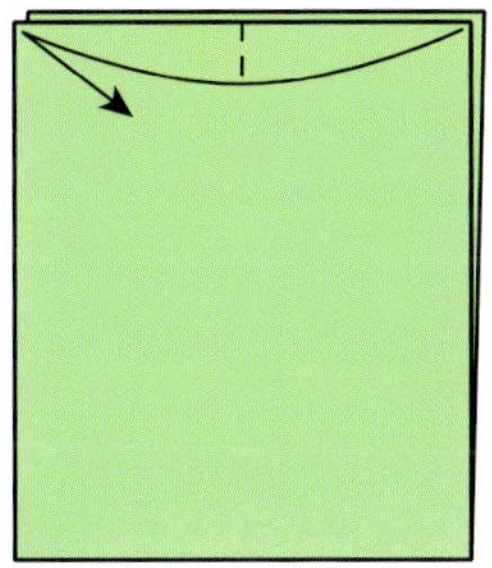

2. Markieren Sie die Mitte der Oberkante in beiden Lagen mit einem kleinen Kniff.

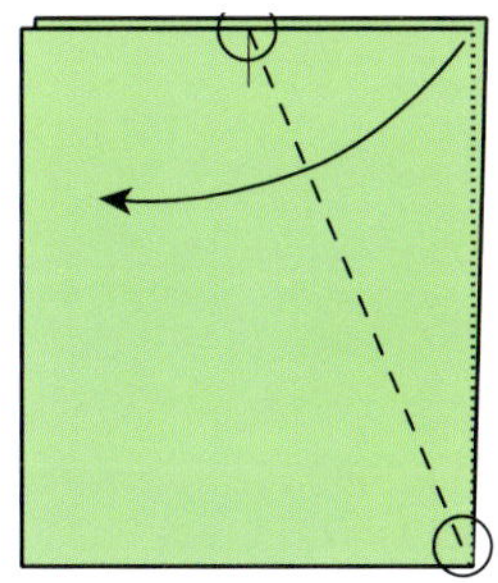

3. Falten Sie die rechte obere Ecke nach links. Den Falz platzieren Sie an den mit einem Kreis markierten Stellen. Arbeiten Sie so exakt wie möglich.

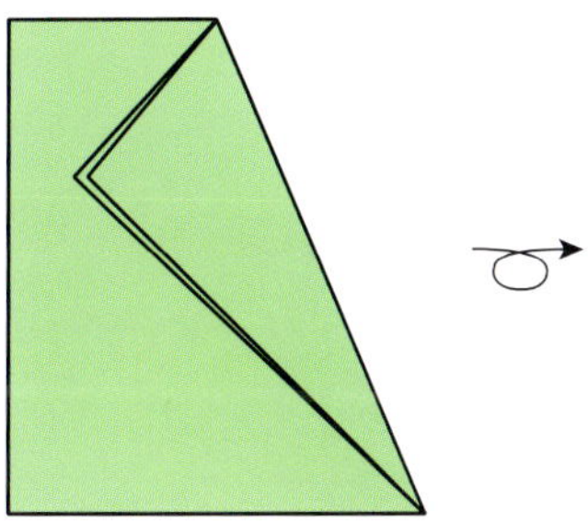

4. Wenden Sie die Form.

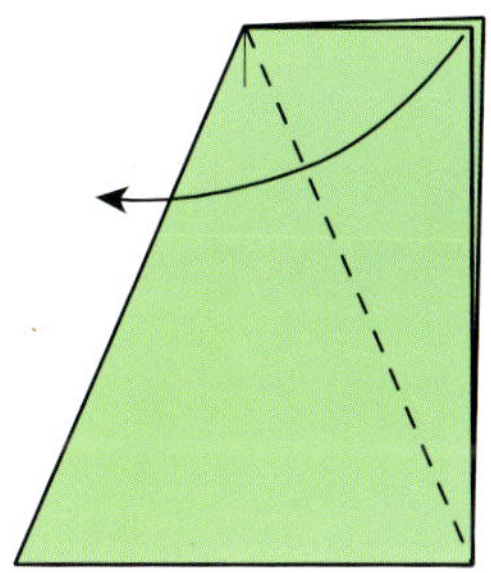

5. Wiederholen Sie Schritt 3 auf dieser Seite der Form.

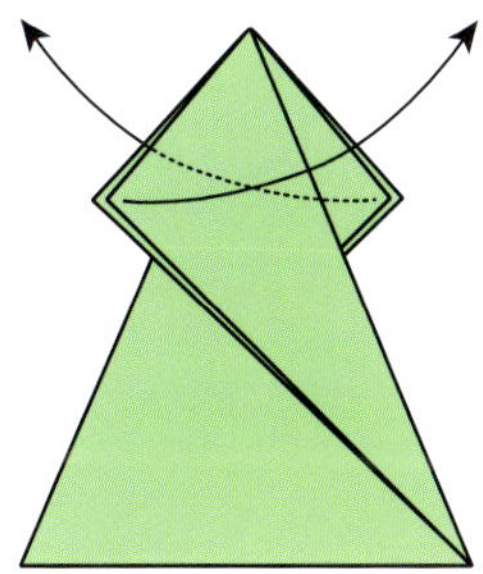

6. Öffnen Sie die gesamte Form wieder und legen Sie sie so hin, dass die Außenseite des fertigen Modells nach oben weist.

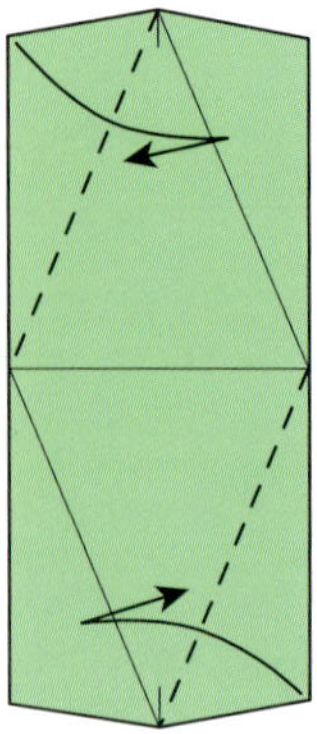

7. Kehren Sie die Richtung von zwei Falzen um, sodass sich der Schein nach unten wölbt und die Flügel sich leicht aufstellen.

8. Falten Sie alle 30 Scheine auf diese Weise.

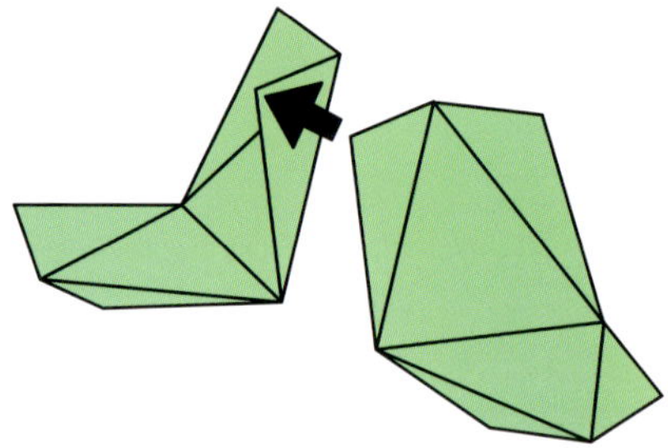

9. Stecken Sie zwei Scheine wie dargestellt ineinander, wobei die beiden Flügel genau ineinander passen sollen.

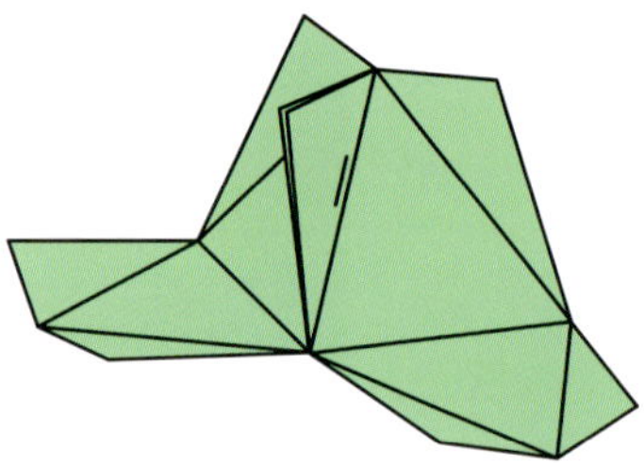

10. Heften oder kleben Sie die beiden Flügel zusammen. Die Heftklammer soll so nah wie möglich am Falz sitzen.

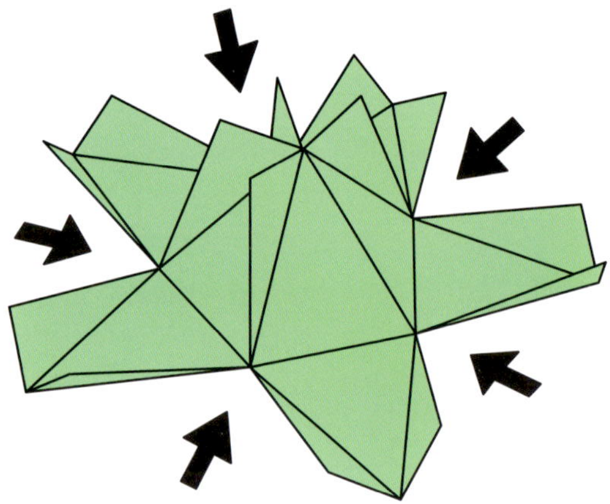

11. Ergänzen Sie fünf weitere Scheine ringartig an den beiden ersten Modulen.

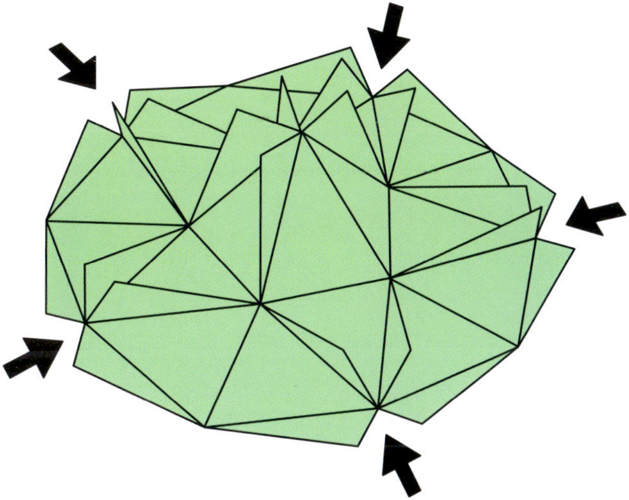

12. Ergänzen Sie an den mit Pfeilen markierten Stellen je zwei weitere Scheine. So erweitern Sie die Form um zwei Ringe zu je fünf Scheinen.

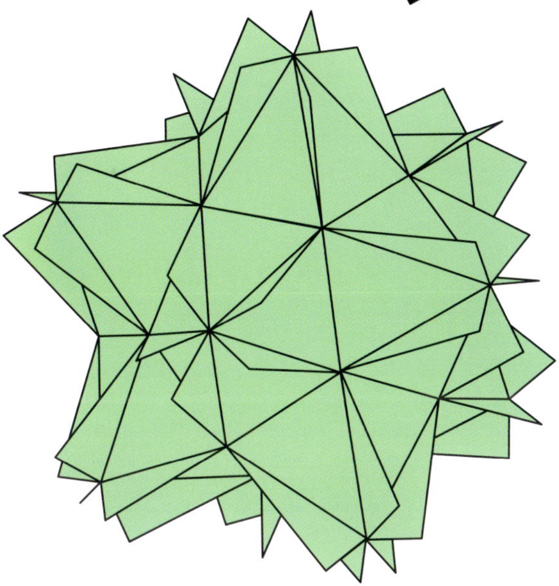

13. Ergänzen Sie weitere Scheine nach demselben Muster, bis die Himmelsgeld-Deko fertig ist. Die Deko kann genauso aufgehangen werden wie der Neujahrsschmuck (*siehe Anleitung Seite 33*).

Lotusblüte

Dieses traditionelle Modell lernte der britische Papierfalter Paul Slater in Hongkong von einer buddhistischen Nonne im Austausch gegen einen Origami-schmetterling.

Der Lotus ist eine Wasserpflanze mit großen, duftenden, weißen oder rosa Blüten. Ursprünglich stammt er aus Südostasien. Alle Pflanzenteile sind essbar, die Wurzeln gelten als besonders schmackhaft. Der Lotus wächst im schlammigen Gewässer, doch seine Blüten sind nie verschmutzt. Deshalb ist der Lotus ein Symbol für Reinheit.

Die hier vorgestellte vereinfachte Variante besteht aus fünf Ringen zu je fünf Blüten mit einer Samenkapsel oben. Man kann durchaus auch größere Versionen mit Ringen von zehn oder zwölf Blüten oder mehr fertigen.

Material
27 der 30 Höllen-banknoten aus dem Set.

Damit die Lotusblüte ein einheitliches Aussehen erhält, müssen die Bogen zu Beginn stets auf gleiche Weise liegen. Es sollte auch dieselbe Seite nach oben weisen.

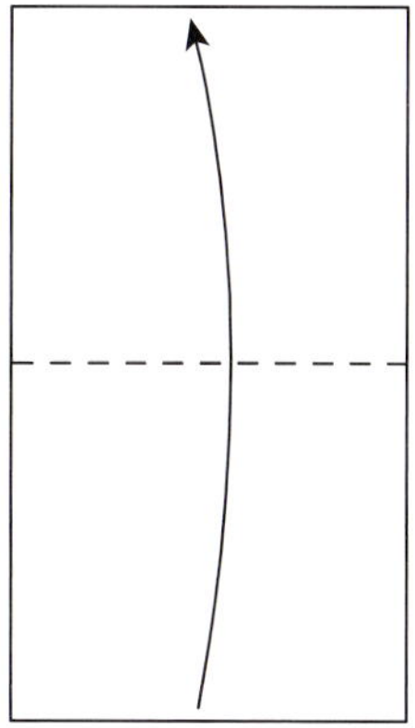

1. Falten Sie nach oben.

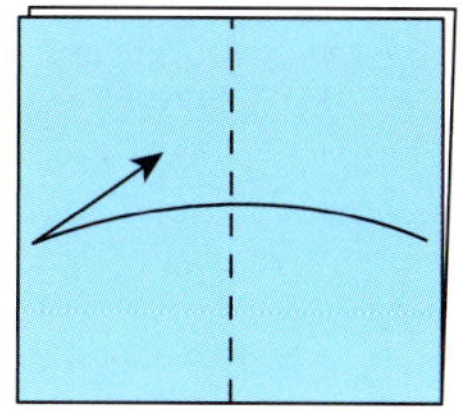

2. Falten Sie nach links und öffnen Sie wieder.

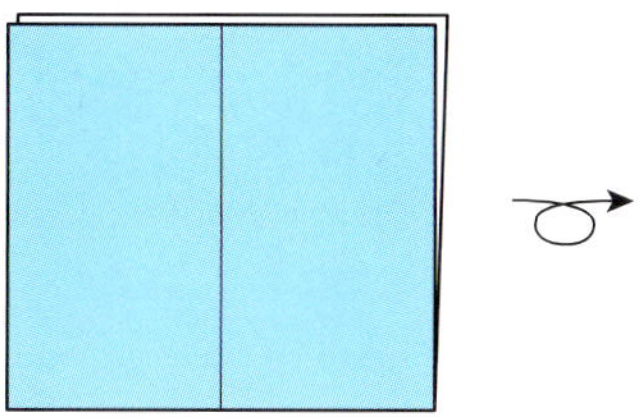

3. Wenden Sie die Form.

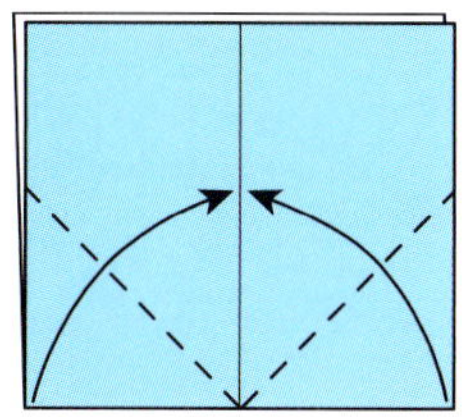

4. Falten Sie beide Ecken wie dargestellt zur Mitte.

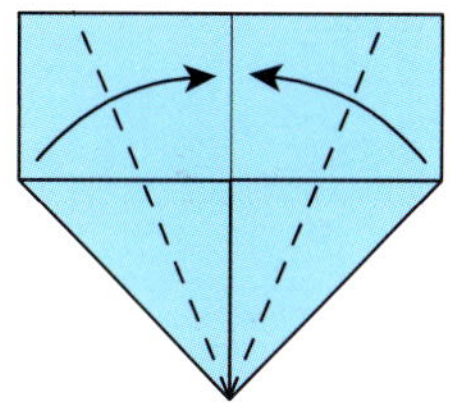

5. Falten Sie beide Kanten wie dargestellt zur Vertikalen.

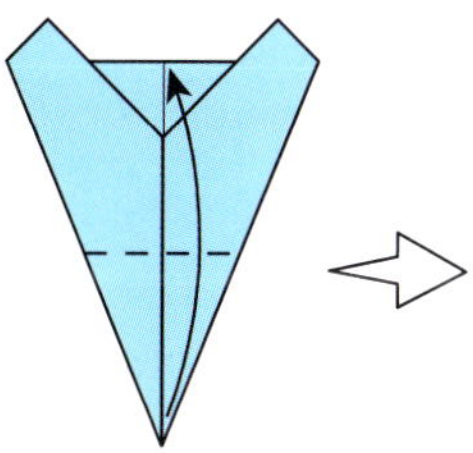

6. Falten Sie nach oben. Das nächste Bild ist vergrößert.

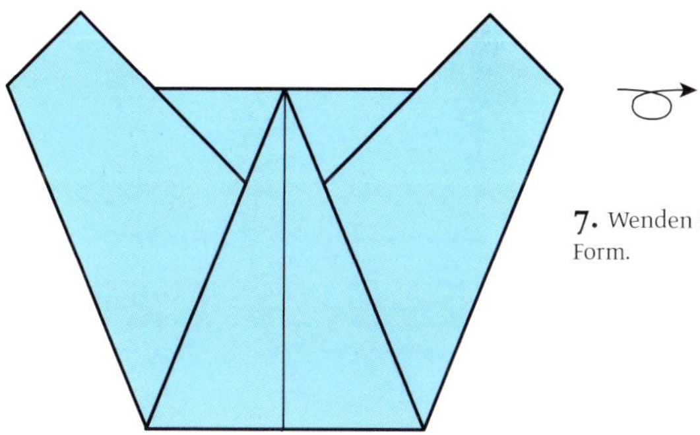

7. Wenden Sie die Form.

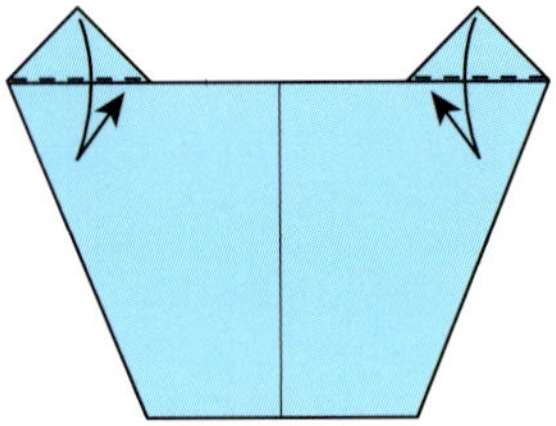

8. Falten Sie beide Flügel nach unten und öffnen Sie wieder.

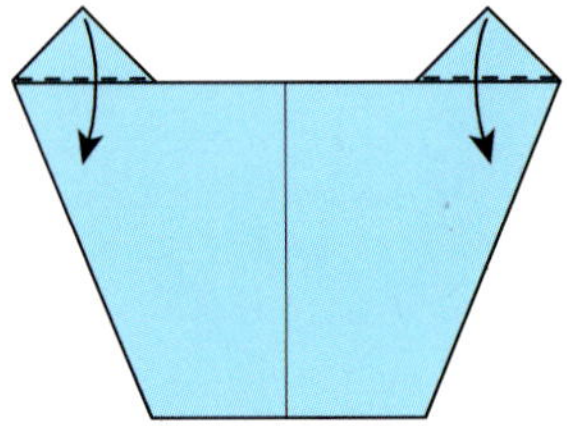

9. Falten Sie sie erneut nach unten, diesmal aber zwischen die Lagen.

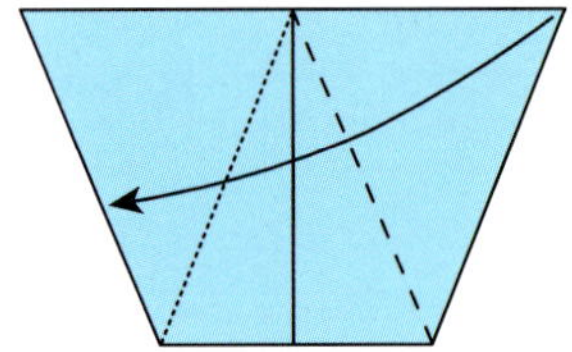

10. Falten Sie die obere rechte Ecke nach links. Den Falz platzieren Sie anhand der Kante des verborgenen Flügels.

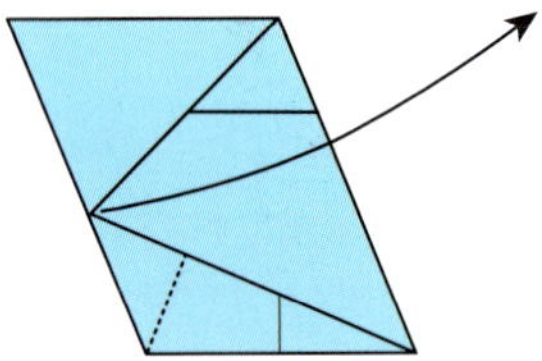

11. Öffnen Sie wieder.

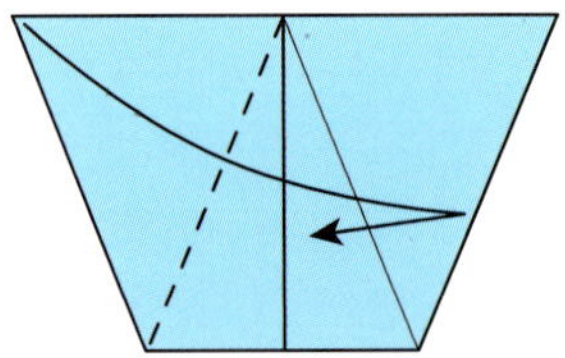

12. Wiederholen Sie Schritt 10 von links nach rechts und öffnen Sie wieder.

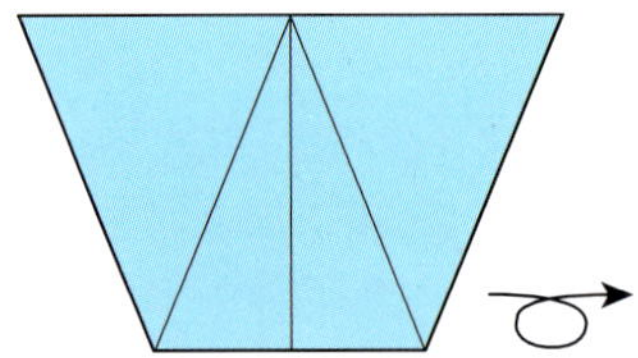

13. Wenden Sie die Form.

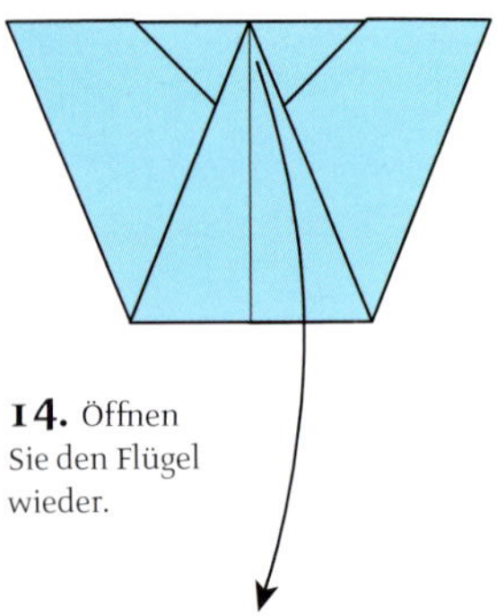

14. Öffnen Sie den Flügel wieder.

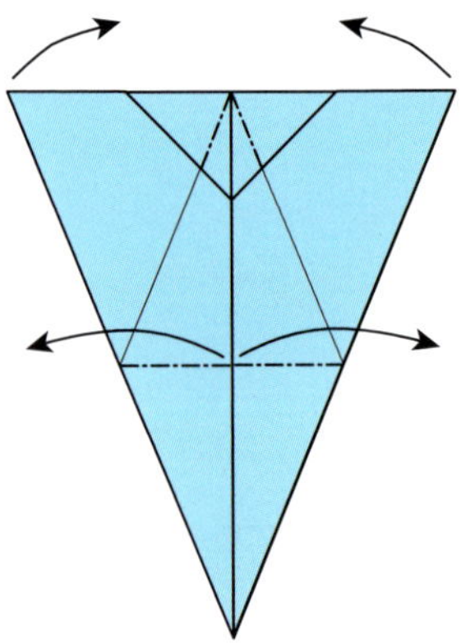

15. Öffnen Sie die Flügel der oberen Lage. Dabei klappen die Ecken von Ihnen weg. Kehren Sie die Richtung der beiden kleinen waagerechten Kniffe um, damit die Blüte ihre Form behält. Sie dürfen aber nur die oberen Lagen öffnen; die mittleren Lagen bleiben an Ort und Stelle.

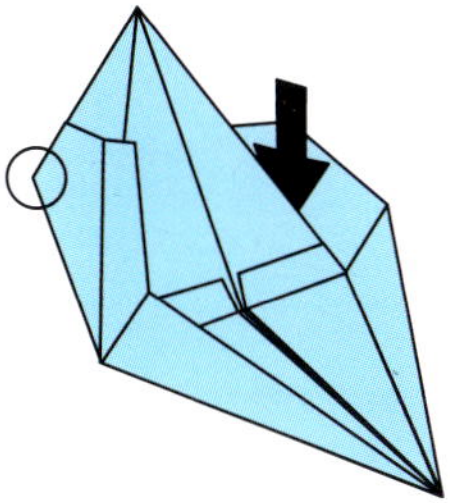

16. Dies ist die erste Blüte. Fertigen Sie insgesamt 27 Stück. Jede Blüte hat zwei Flügel und zwei Taschen. Der sichtbare Flügel ist mit einem Kreis markiert, die sichtbare Tasche mit einem Pfeil.

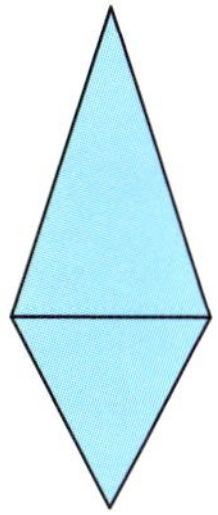

17. Das Bild zeigt die Blüte in vereinfachter Darstellung von oben. Die lange Spitze ist das Ende mit den Taschen und den Flügeln. Sie bilden die Mitte der Lotusblüte.

18. Arrangieren Sie fünf Blüten wie dargestellt zu einem Ring.

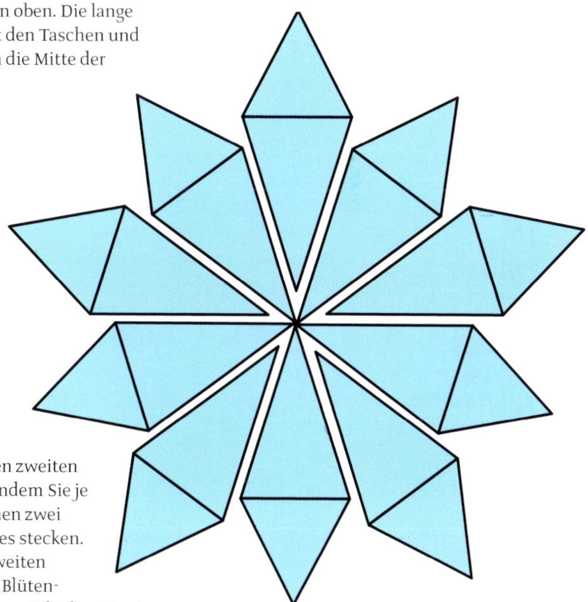

19. Ergänzen Sie einen zweiten Ring aus fünf Blüten, indem Sie je eine neue Blüte zwischen zwei Blüten des ersten Ringes stecken. Die Blütenflügel des zweiten Ringes kommen in die Blütentaschen des ersten Ringes. Schieben Sie sie so weit wie möglich in die Taschen hinein. Noch ist das Gebilde recht instabil.

Ergänzen Sie weitere Ringe zu fünf Blüten. In jedem Ring weisen die Blüten ein bisschen stärker nach oben als in dem Ring darunter. Je mehr Ringe hinzugefügt werden, desto stabiler wird das Ganze.

Wenn die fünf Ringe zusammengesteckt sind, reicht der Platz nicht mehr aus, um einen weiteren Fünferring hinzuzufügen. Sie schließen die Lotusblüte ab, indem Sie zwei Blüten zu einer Samenkapsel nebeneinander setzen. Wie das aussehen soll, sehen Sie auf dem Foto des fertigen Modells (S. 58).

Schanghai-Sternkorb

Dieses Modell entdeckte die hawaiische Papierfalterin Marcia Mau im September 1989 im Shanghai Arts and Crafts Center. Ihre Suche nach den Ursprüngen des Modells blieb erfolglos, somit lässt sich nicht sagen, ob es traditionell oder modern ist.

Material
Drei quadratische Papierbogen in kontrastierenden Farben.

Der Schanghai-Sternkorb wird aus dem Schanghai-Stern (*siehe Seite 26*) entwickelt. Ohne Henkel wird er zur Schale. Einzigartig, wie hier die vielen einzelnen Papierbogen zu einem höchst stabilen Behälter kombiniert werden. Im Schanghai-Sternkorb bzw. in der Schale kann man allerlei Dinge aufbewahren. Ideal ist er für Trockenblumen oder kleine Deko-Objekte.

Zunächst falten Sie Schritt 1 bis 3 des Schanghai-Sterns (*siehe Seite 27*). Weiter geht es mit Schritt 4 bis 4d, wie hier dargestellt.

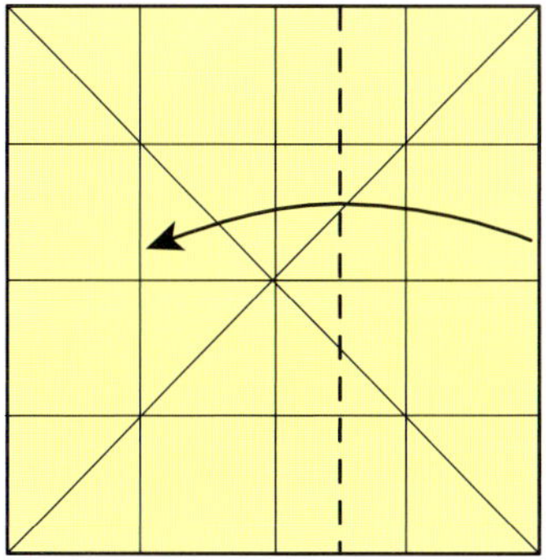

4. Falten Sie die rechte Kante zum ersten Falz von links.

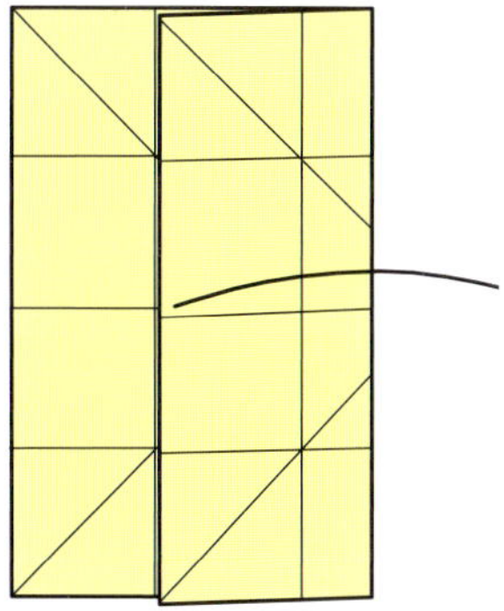

4a. Öffnen Sie wieder.

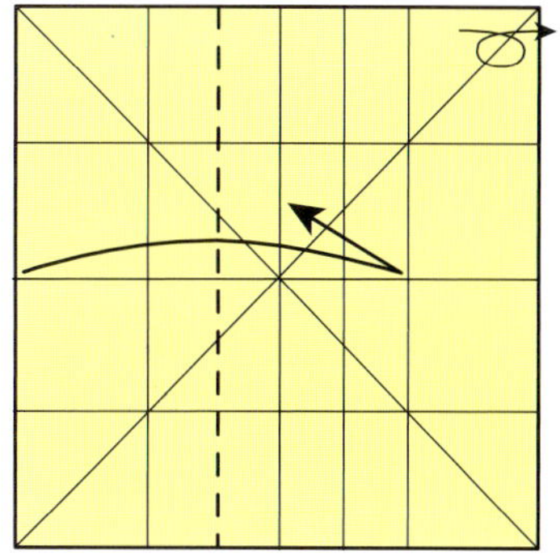

4b. So sieht das Ergebnis aus. Fahren Sie fort mit Schritt 5 bis 22 des Schanghai-Sterns (*siehe Seite 27–29*).

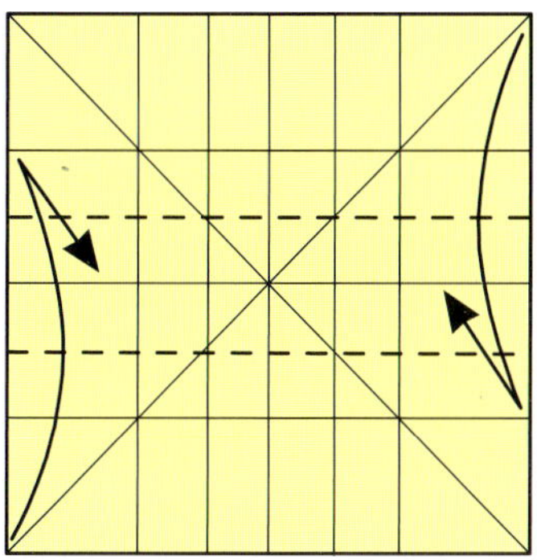

4c. Wiederholen Sie dies mit der Ober- und der Unterkante.

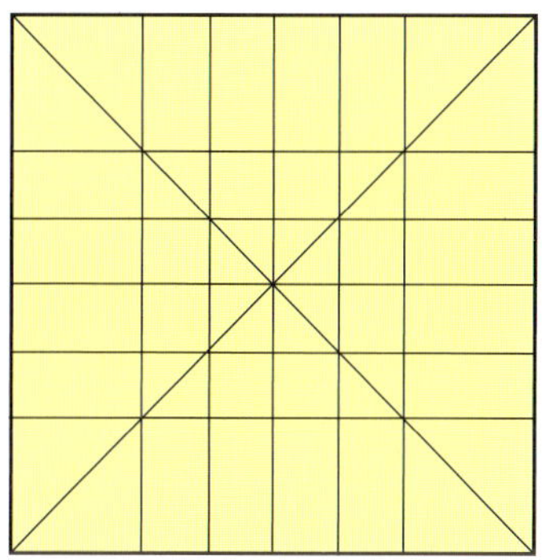

4d. So sieht das Ergebnis aus. Fahren Sie fort mit Schritt 5 bis 22 des Schanghai-Sterns (*siehe Seite 27–29*).

Sie falten Schritt 5 bis 22 des Schanghai-Sterns (*siehe Seite 27-29*). Um den fertigen Stern in eine Schale zu verwandeln, fahren Sie fort mit Schritt 23 bis 26, wie hier abgebildet. Für den Korb falten Sie Schritt 23 bis 31.

23. So sieht der fertige Stern aus. Wenden Sie ihn.

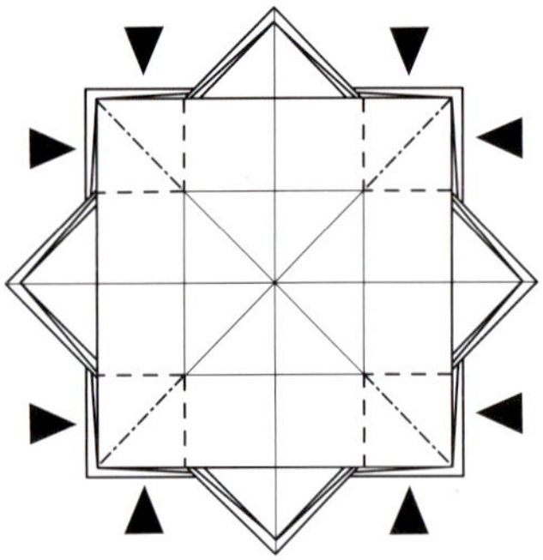

24. Den Korbboden erhalten Sie, indem Sie nacheinander auf die Kanten der Ecken drücken. Dabei drückt sich das kleine Mittelquadrat, das den Boden bildet, heraus. Auf Bild 25 sehen Sie, wie es geht.

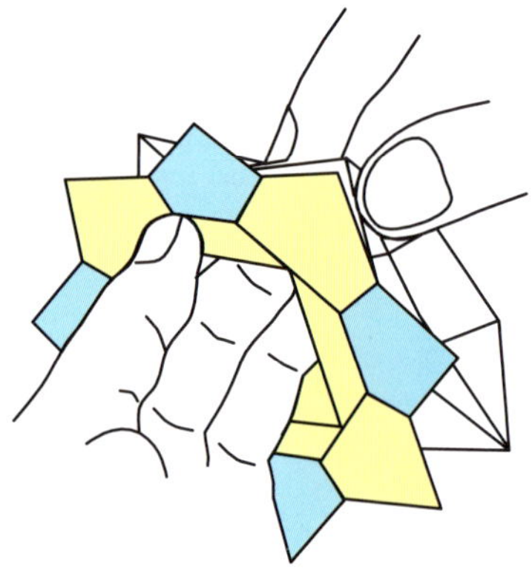

25. Schieben Sie zwei Finger in den Korb, um die Lagen auseinander zu drücken. Mit Daumen und Zeigefinger der anderen Hand drücken Sie die Ecken in Form. Dies wiederholen Sie mit allen vier Ecken und nutzen dabei die bestehenden Falze.

26. So sieht das Ergebnis aus. Das Modell können Sie einfach so als Behälter nutzen oder noch einen kleinen Henkel anbringen. Wie das geht, sehen Sie bei Schritt 27 bis 31.

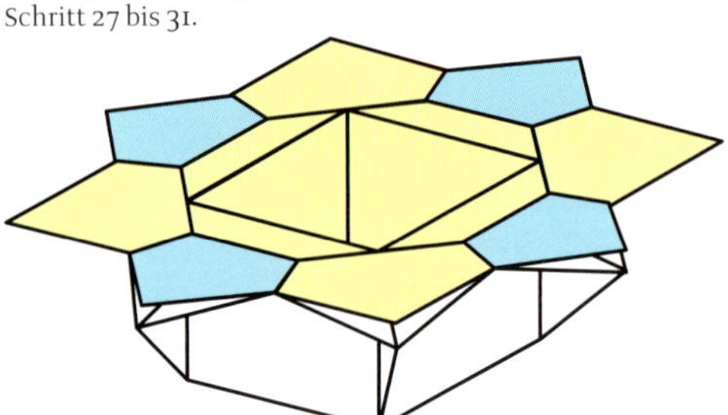

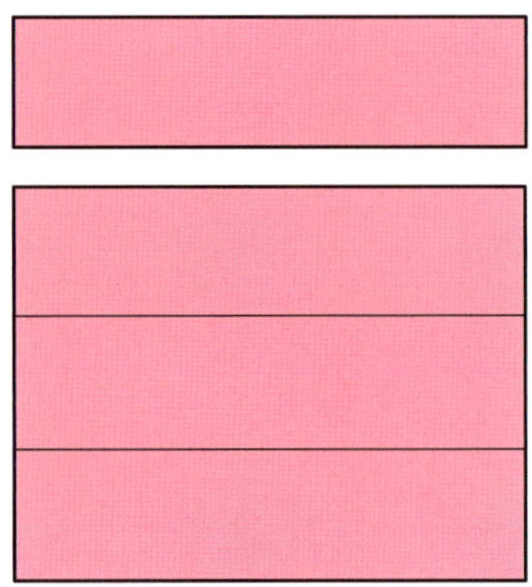

27. Nehmen Sie einen Bogen von derselben Größe, wie Sie ihn für die Schale verwendet haben. Vierteln Sie ihn und schneiden Sie einen Streifen ab.

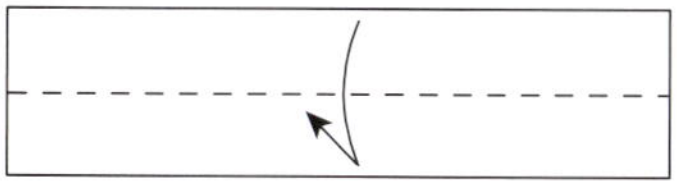

28. Die weiße Seite weist nach oben. Falten Sie und öffnen Sie wieder.

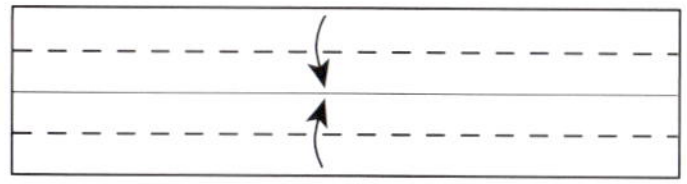

29. Falten Sie beide Kanten zur Mitte.

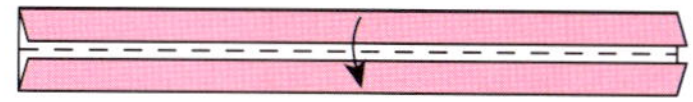

30. Falten Sie erneut in der Mitte.

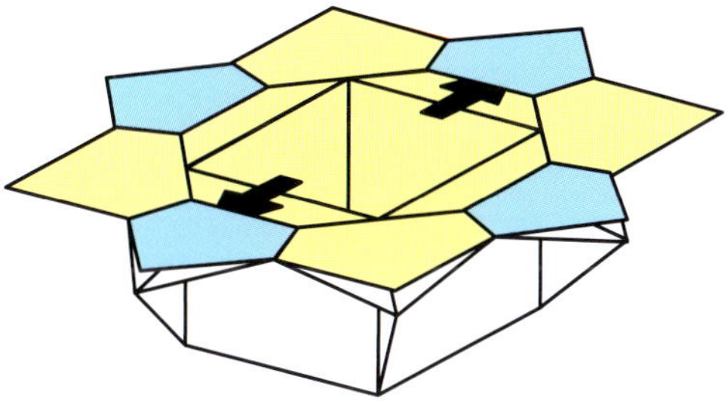

31. Stecken Sie ein Henkelende in eine Tasche und biegen Sie den Henkel nach oben. Dann stecken Sie das andere Henkelende in die gegenüberliegende Tasche.

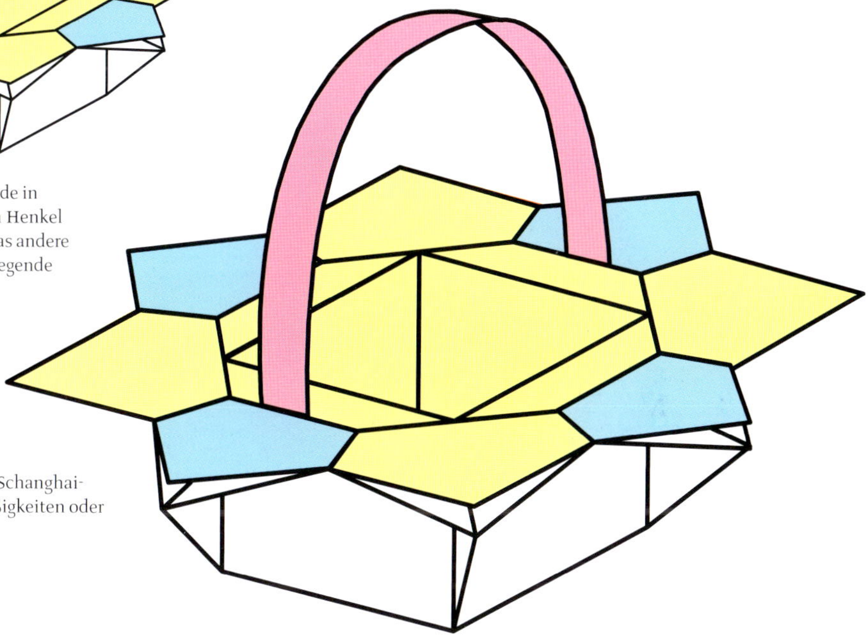

32. Dies ist der fertige Schanghai-Sternkorb. Legen Sie Süßigkeiten oder Deko-Objekte hinein.

Faule Susanne

Dieses Modell entdeckte Philip Shen. Es wurde erstmals 1963 in The Best of Origami *von Samuel Randlett veröffentlicht und gilt als volkstümliches traditionelles Modell aus der südwestchinesischen Provinz Sichuan.*

Die Kreisform macht dieses Modell so einzigartig. Im anglofonen Raum ist es als Lazy Susan (Faule Susanne) bekannt. So bezeichnet man dort einen Drehtisch, auf dem Essen serviert wird, oder eine kleine Ablage mit mehreren Fächern - in ihnen finden alle Dinge Platz, die man aus Bequemlichkeit nicht wegräumt. Wer die faule Susanne war, die als Namensgeberin fungierte, wissen wir allerdings nicht.

Im Westen übertrug man den Namen einfach auf das Origamimodell. Ursprünglich stellte es aber eine antike chinesische Münze dar. Die meisten chinesischen Münzen waren rund mit einem quadratischen Loch in der Mitte. Diese Papiermünzen wurden wahrscheinlich genauso wie Yuen Bao in großer Zahl gefaltet und bei Bestattungszeremonien verbrannt.

Material
Ein quadratischer Einzelbogen Papier.

Die farbige Seite des Bogens weist zu Beginn nach oben.

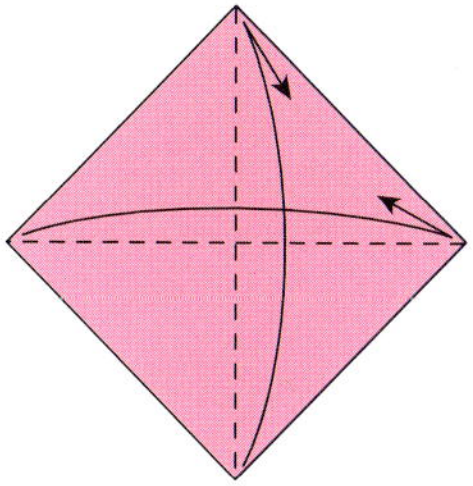

1. Falten Sie nach rechts und öffnen Sie wieder. Falten Sie nach oben und öffnen Sie wieder.

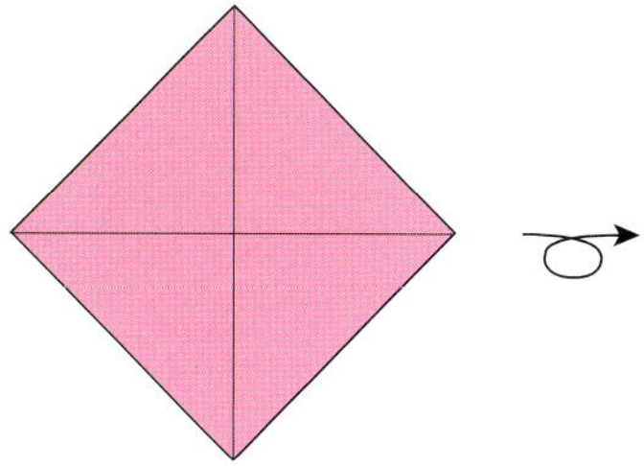

2. Wenden Sie die Form.

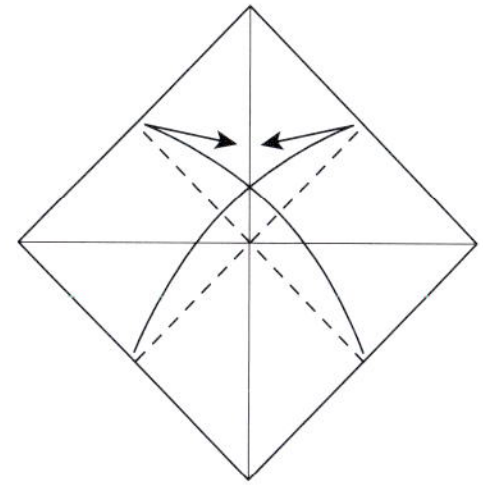

3. Falten Sie in beiden Diagonalen und öffnen Sie wieder.

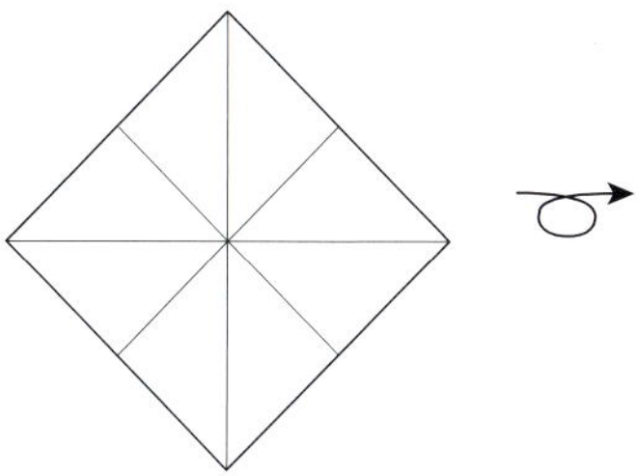

4. Wenden Sie die Form.

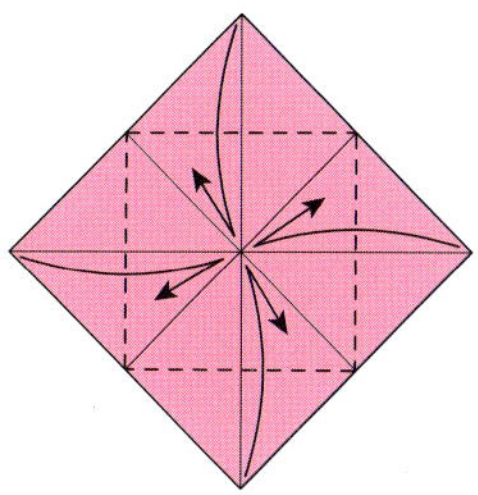

5. Falten Sie alle vier Ecken nacheinander zur Mitte und öffnen Sie wieder.

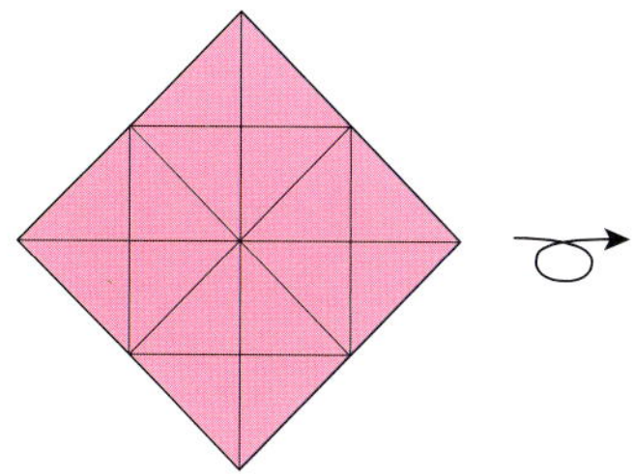

6. Wenden Sie die Form.

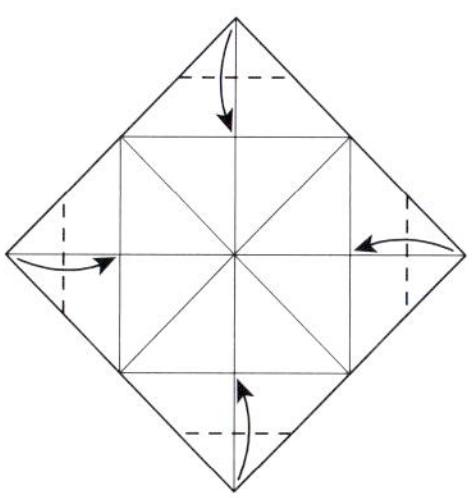

7. Falten Sie alle vier Ecken wie dargestellt nach innen.

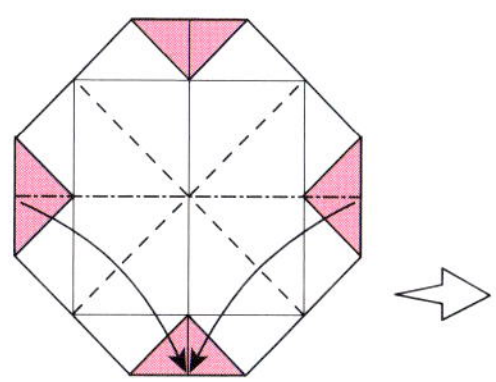

8. Falten Sie die beiden seitlichen Ecken nach unten. Dabei wird die obere Ecke automatisch nach unten gezogen. Das nächste Bild ist vergrößert.

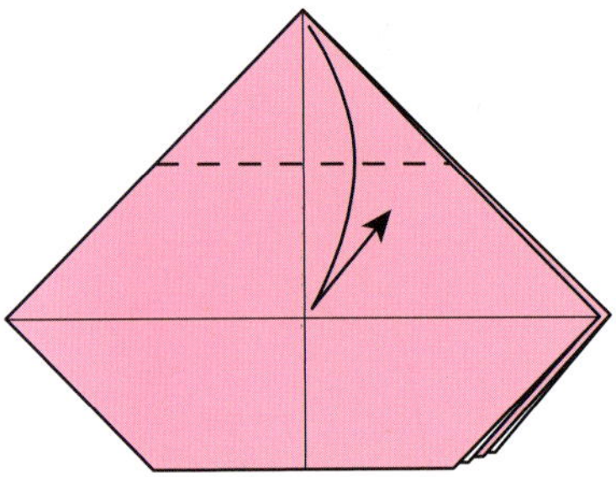

9. Wenden Sie die Form und wiederholen Sie Schritt 13 und 14 mit dieser Seite.

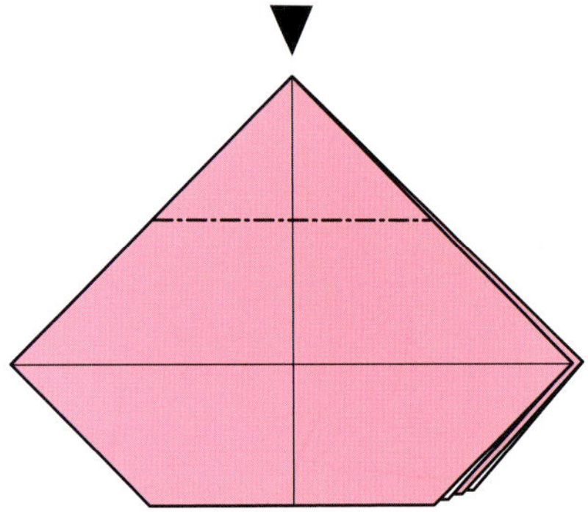

10. Drücken Sie die Spitze zwischen den Lagen hindurch nach unten.

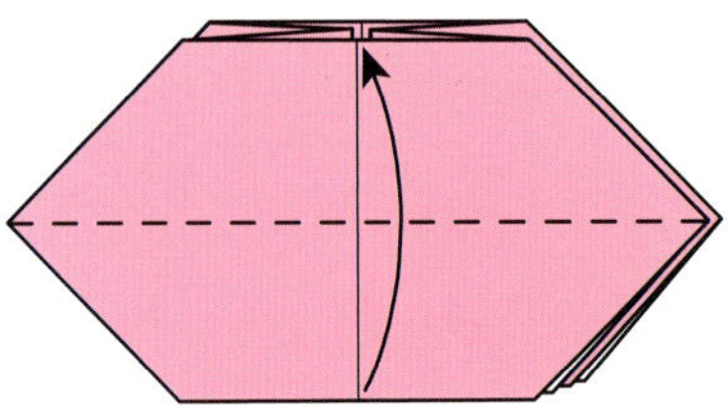

11. Falten Sie die obere Lage anhand des bestehenden Falzes nach oben.

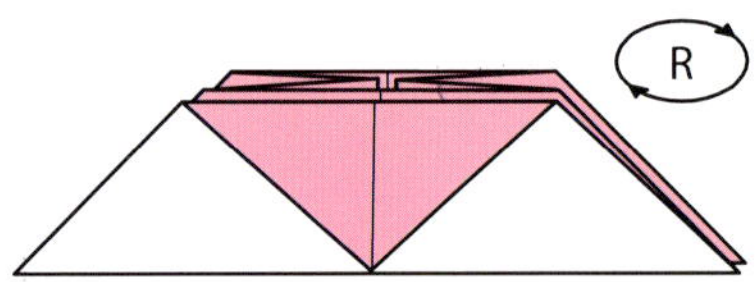

12. Wiederholen Sie Schritt 11 nacheinander mit den anderen drei Flügeln und drehen Sie dabei die Form.

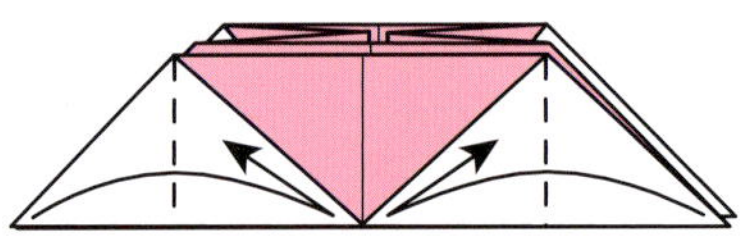

13. Falten Sie die Spitzen zur Mitte und öffnen Sie wieder.

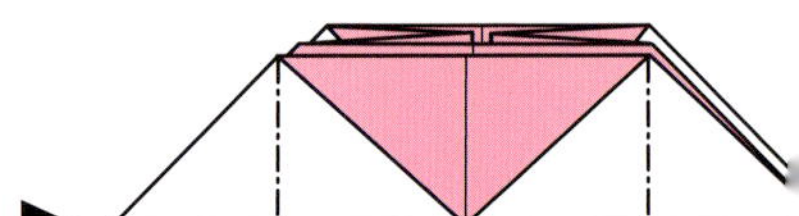

14. Drücken Sie beide Spitzen zwischen den Lagen hindurch nach innen.

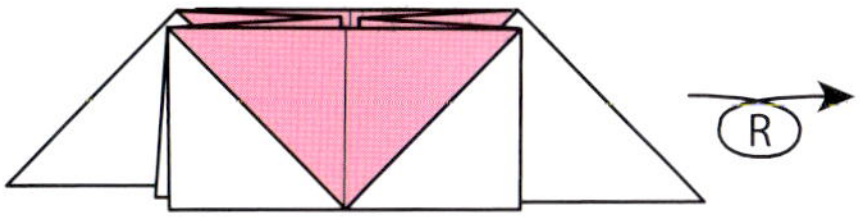

15. Wenden Sie die Form und wiederholen Sie Schritt 13 und 14 mit dieser Seite.

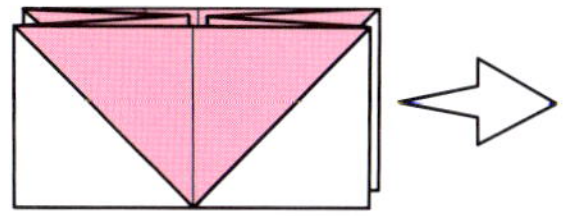

16. Drehen Sie die Form um. Das nächste Bild ist vergrößert.

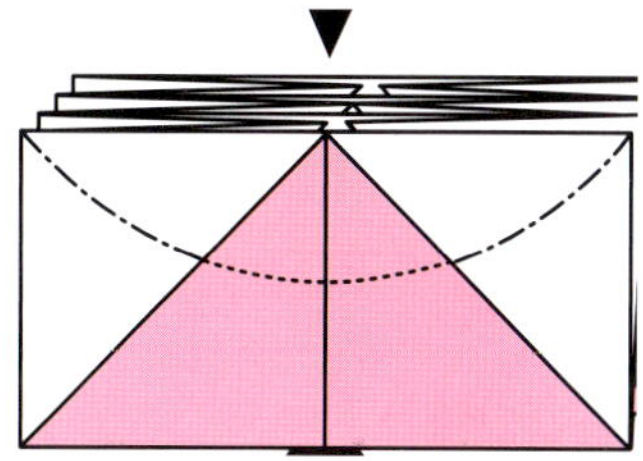

17. Schieben Sie einen Finger zwischen die beiden ersten Lagen und ziehen Sie die Tasche vorsichtig auf, sodass eine Rundung entsteht.

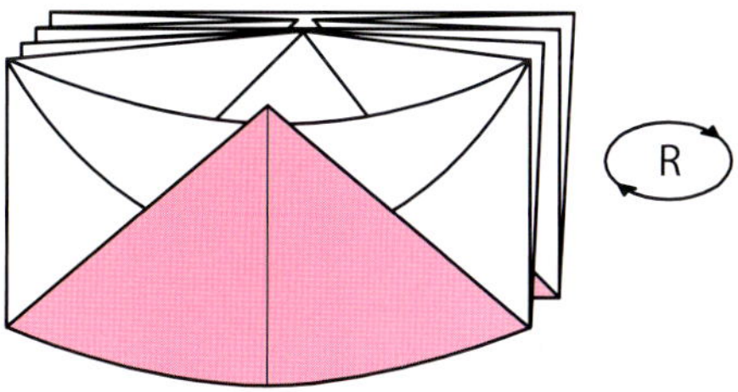

18. Wiederholen Sie Schritt 17 nacheinander mit den anderen drei Taschen und drehen Sie dabei die Form. Dabei entsteht eine runde Form.

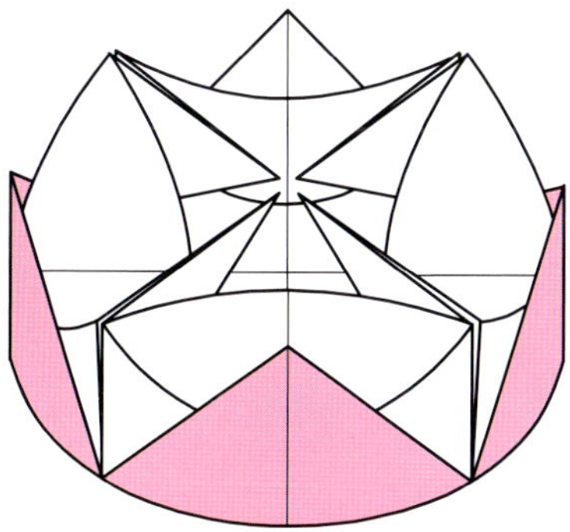

19. Drehen Sie die Form um.

20. Die Faule Susanne ist einsatzbereit.

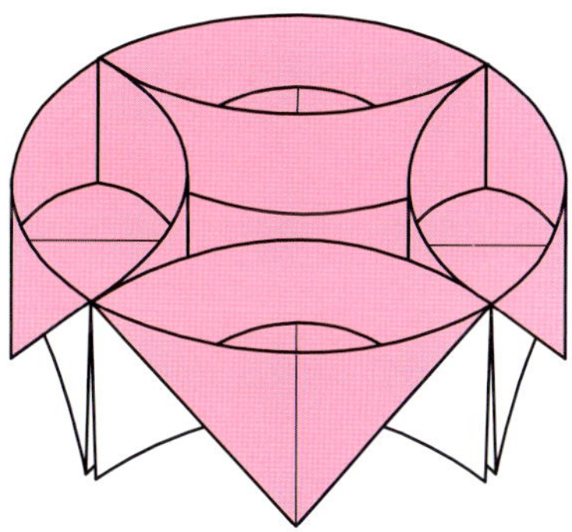

Chinesische Dschunke

Der genaue Ursprung dieses Modells ist nicht bekannt. Vermutlich handelt es sich gar nicht um ein Boot, wie der Name anklingen lässt, sondern um ein traditionelles chinesisches Yuen Bao (siehe S. 18).

Die chinesische Dschunke wird aus der Dschunkenschachtel (*siehe Seite 14*) entwickelt, die Maying Soong 1948 in ihrem Buch *The Art of Chinese Paper Folding* veröffentlichte. Die Dschunke nahm sie aber nicht in ihr Buch auf. Entweder kannte sie sie gar nicht oder sie fand sie nicht angemessen als Origamimodell für Kinder.

Dem Namen nach handelt es sich um das Modell eines Bootes. Doch ist das wirklich so? Wenn ja, dann ist es jedenfalls ein sehr merkwürdiges Boot. In Wirklichkeit ist es wohl eigentlich ein *yuen bao*. Vergleichen Sie es doch einmal mit der Grundform des Yuen Bao auf Seite 18. Im Westen wurde die Abschlussfaltung, bei der die Griffe herausgezogen werden, als Hissen der Segel umgedeutet.

Dasselbe geschah auch in Fernost. Sowohl in China als auch in Japan gibt es Modellversionen, bei denen ein Ende oder beide Enden zu einem spitzen Bug bzw. Heck umgestaltet werden, sodass der Booteffekt deutlich hervortritt.

Da eine Version mit spitzem Bug bereits seit über 300 Jahren in Japan bekannt ist, muss das chinesische Original sehr alt sein.

Material
Ein quadratischer Einzelbogen Papier.

Sie falten zunächst die Dschunkenschachtel (*siehe Seite 14-17*).

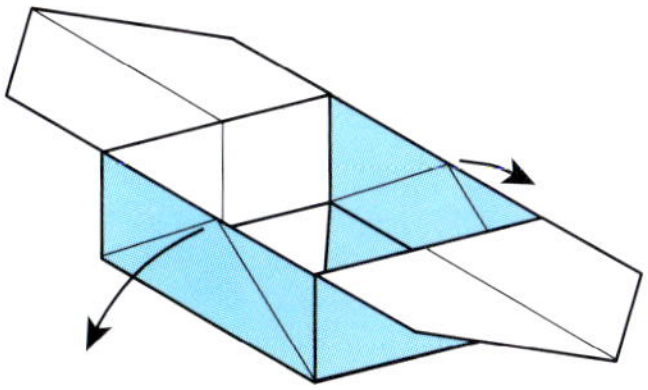

18. Ziehen Sie die beiden Seitenwände an der Mitte auseinander. Die Form klappt flach zusammen.

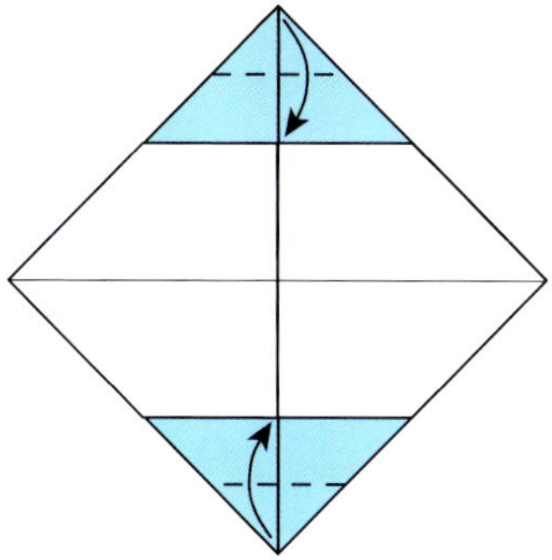

19. Falten Sie die beiden Spitzen nach innen und streichen Sie die Falze aus.

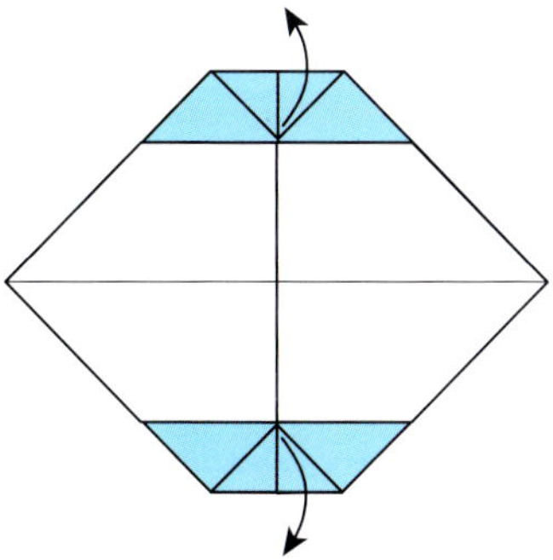

20. Öffnen Sie die Form wieder.

21. Drücken Sie die beiden Spitzen zwischen den Lagen hindurch nach innen. Das Ergebnis sieht aus wie Bild 22.

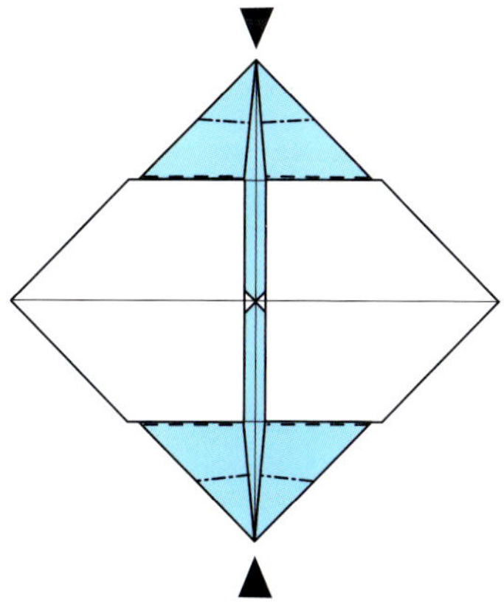

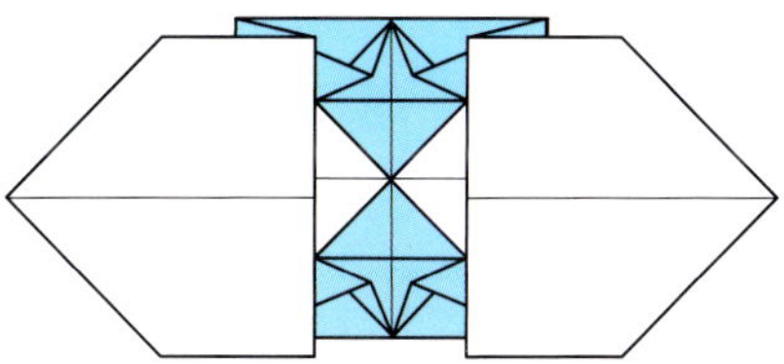

22. Glätten Sie die Form und wenden Sie sie.

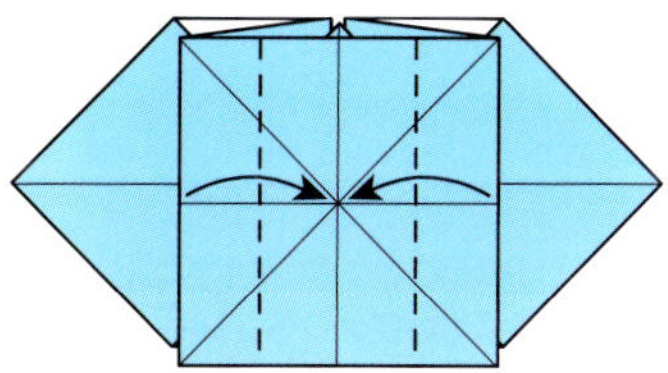

23. Falten Sie die Ecken der oberen Lage zur Mitte.

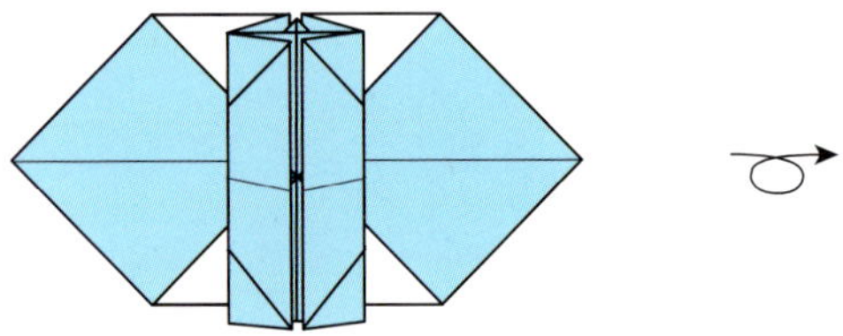

24. Wenden Sie die Form.

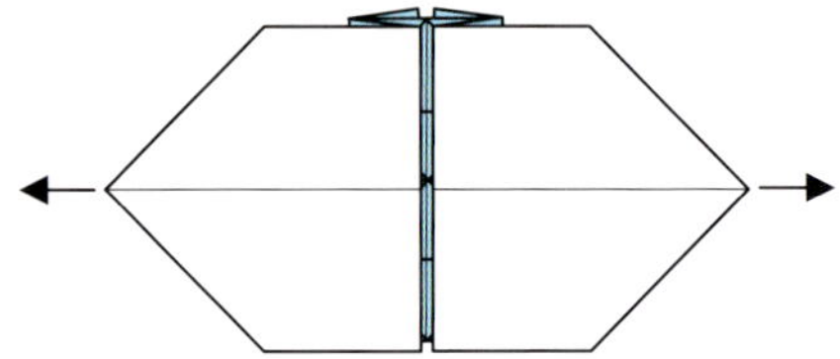

25. Ziehen Sie die Spitzen nach außen und glätten Sie die Innenlagen. Das Ergebnis sieht aus wie Bild 26.

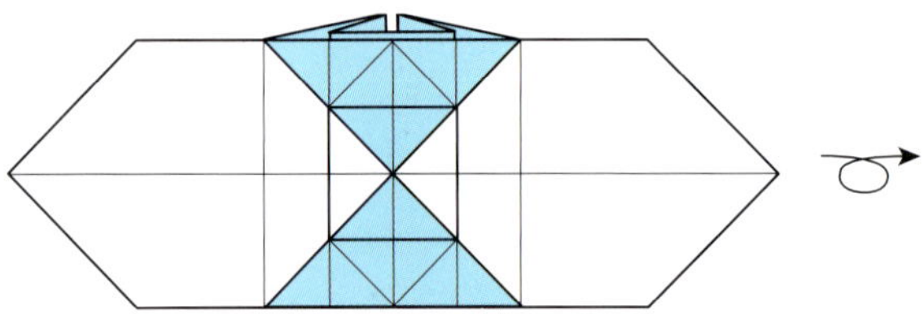

26. Wenden Sie die Form.

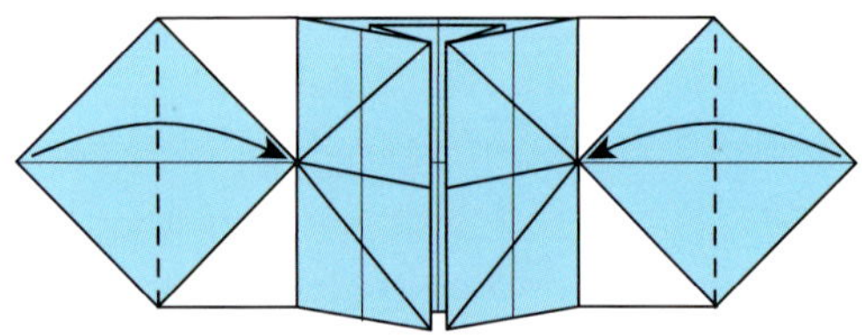

27. Falten Sie beiden Spitzen nach innen. Wenden Sie die Form.

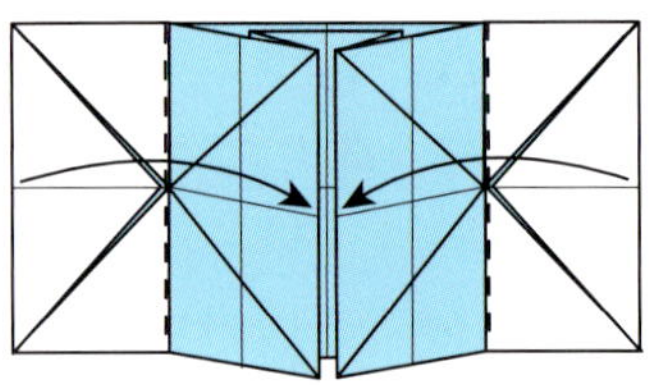

28. Falten Sie beide Kanten nach innen.

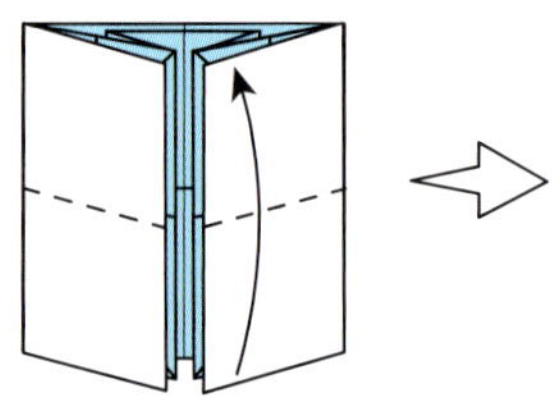

29. Falten Sie alle Lagen nach oben. Das nächste Bild ist vergrößert.

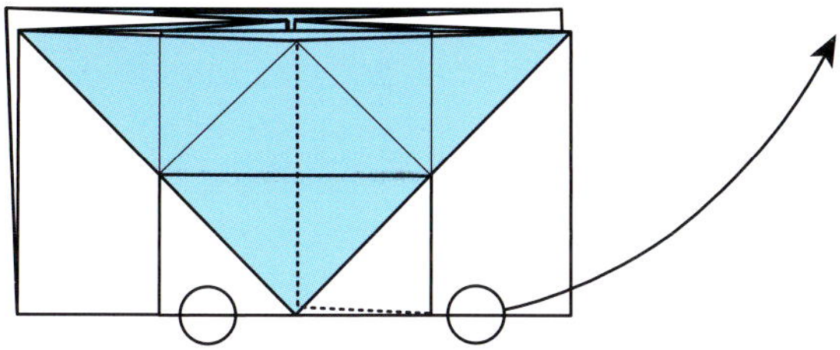

30. Heben Sie die Form an. Halten Sie sie mit beiden Händen genau an den mit einem Kreis markierten Stellen. Ziehen Sie die verdeckten Lagen heraus, indem Sie die rechte Hand vorsichtig in Pfeilrichtung bewegen. Dabei bekommt die rechte Modellhälfte eine dreidimensionale Form. Diese Faltung ist besonders schwierig und verlangt Geduld. Das Papier darf nicht reißen!

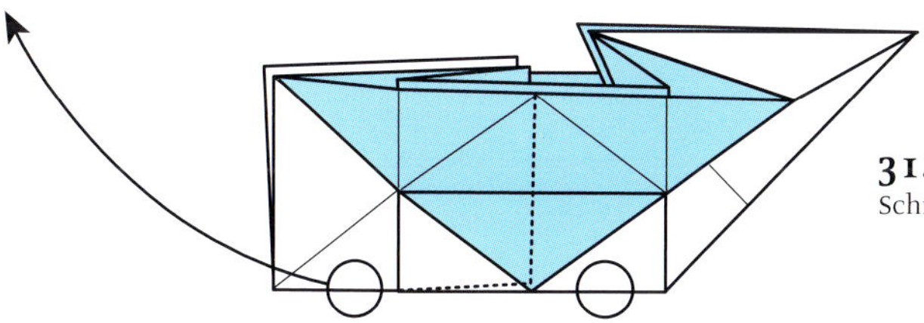

31. Wiederholen Sie die Faltung von Schritt 30 mit dieser Seite der Form.

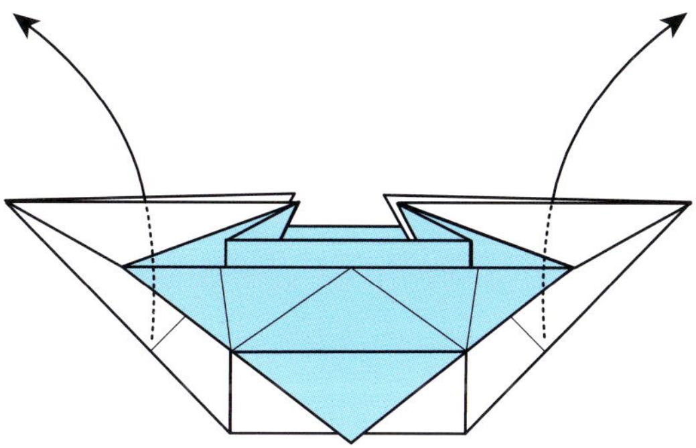

32. Ziehen Sie die mittleren Lagen heraus, so als ob Sie die Segel hissen.

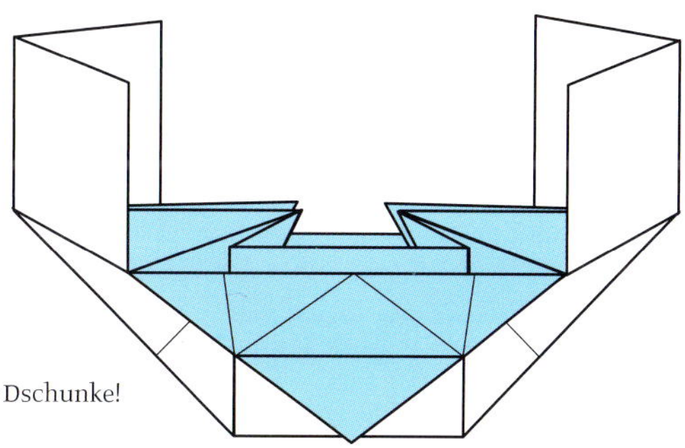

33. Ahoi! Die chinesische Dschunke!

Verdis Vase

Dieses Modell entdeckte Philip Shen in den frühen 1970er-Jahren in Hongkong.

Verdis Vase ist ein besonders schönes Modell, das nach dem amerikanischen Papierfalter Verdi Adams benannt ist. Er machte das Modell in den USA populär.

Es ist technisch ungewöhnlich, weil der Bogen gedrittelt wird. Der Faltgang, mit dem man die dreidimensionale Vase aus der flachen Form herauszieht, ist typisch für die chinesische Falttradition.

Angesichts von Verdis Vase, die eher zufällig überdauert hat, stellt sich die Frage, welche Schätze die chinesische Falttradition sonst noch birgt. Vermutlich sind viele Modelle verloren gegangen, aber einige existieren vielleicht noch und warten nur auf ihren Entdecker.

Material
Ein quadratischer Einzelbogen Papier.

Die weiße Seite des Bogens weist zu Beginn nach oben.

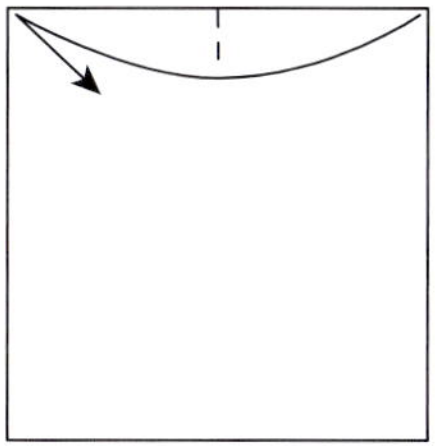

1. Markieren Sie die Mitte der Oberkante mit einem kleinen Kniff.

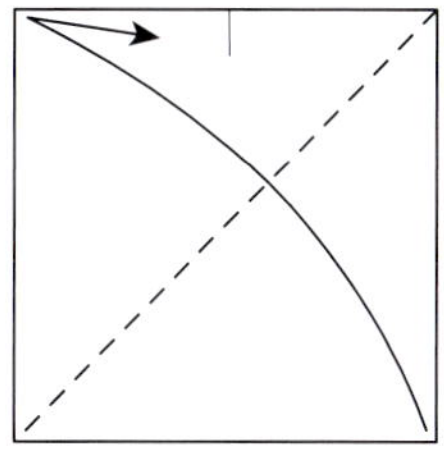

2. Falten Sie diagonal und öffnen Sie wieder.

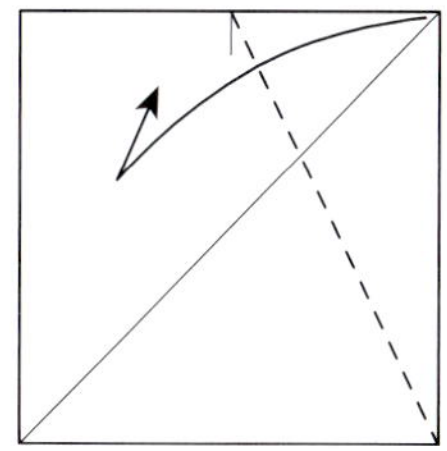

3. Falten Sie wie dargestellt und platzieren Sie den Falz anhand des Kniffes von Schritt 1. Öffnen Sie wieder.

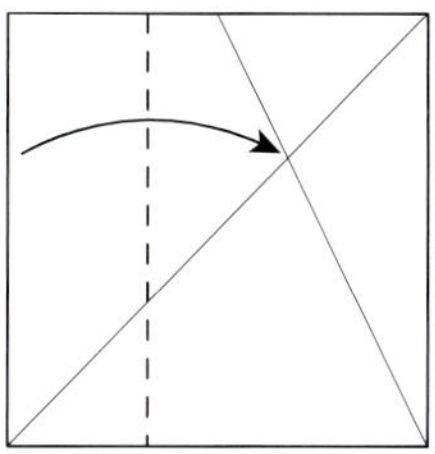

4. Den nächsten Falz platzieren Sie anhand des Schnittpunkts der bestehenden Falze.

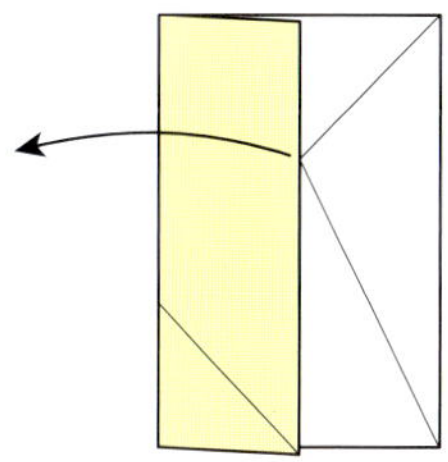

5. Öffnen Sie die Form wieder.

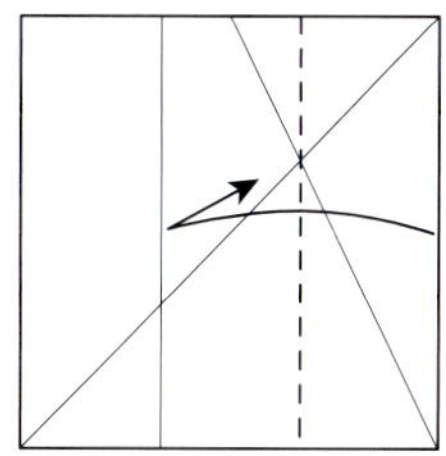

6. Falten Sie die rechte Kante zu dem neuen Falz und öffnen Sie wieder.

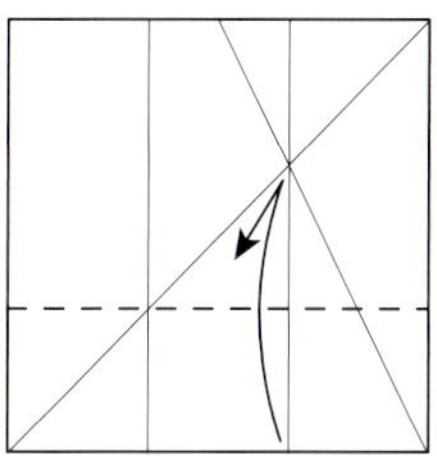

7. Auch diesen Falz platzieren Sie anhand des Schnittpunkts der bestehenden Falze. Öffnen Sie wieder.

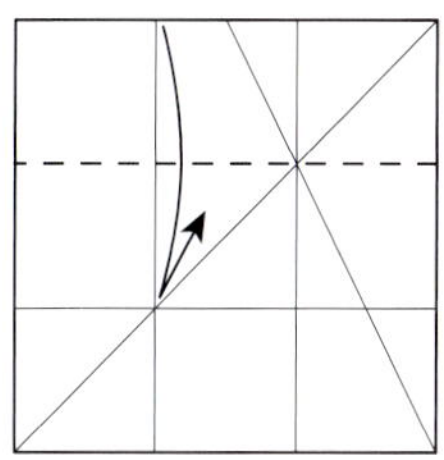

8. Falten Sie die Oberkante zu dem neuen Falz und öffnen Sie wieder.

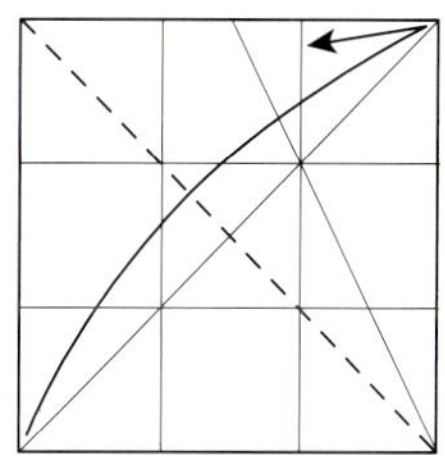

9. Falten Sie diagonal und öffnen Sie wieder.

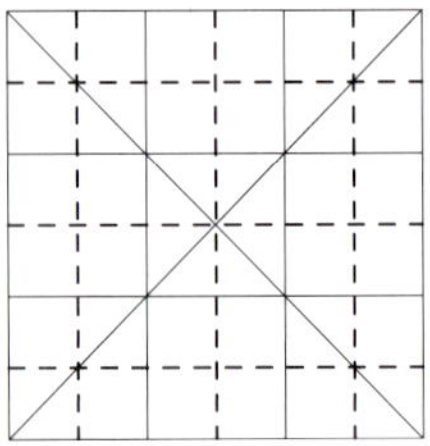

10. Falten Sie den Bogen sechsmal.

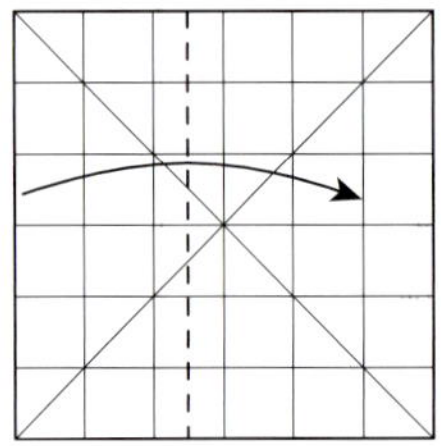

11. Falten Sie die linke Kante wie dargestellt auf den Falz rechts.

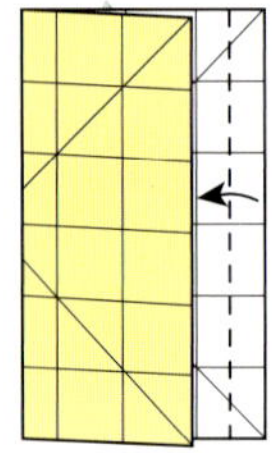

12. Falten Sie die rechte Kante zu der ehemaligen linken Kante.

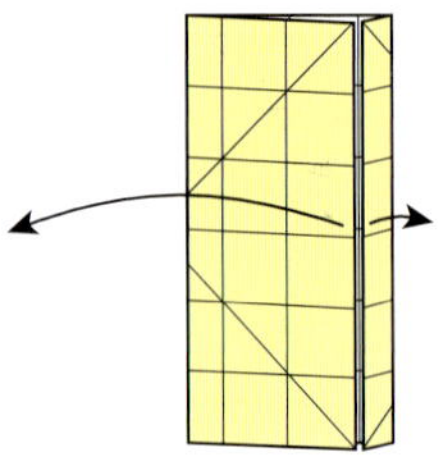

13. Öffnen Sie die Form wieder.

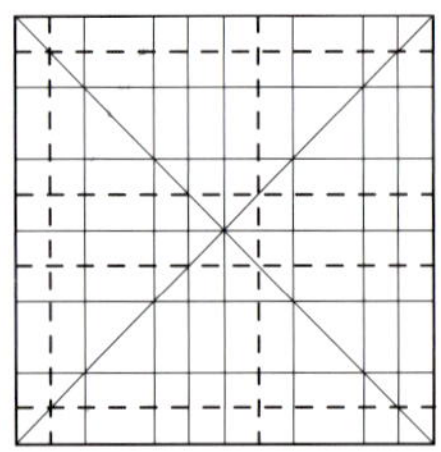

14. Falten Sie den Bogen dreimal auf dieselbe Weise.

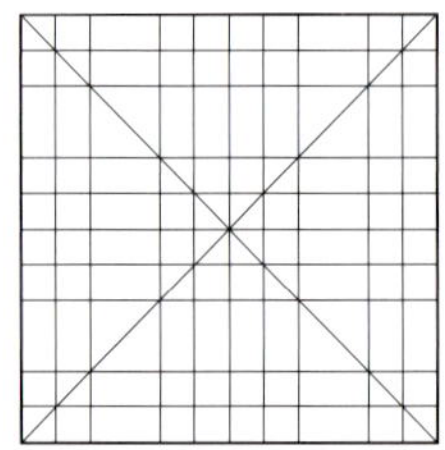

15. Hat Ihr Bogen dieselben Falze wie auf dem Diagramm?

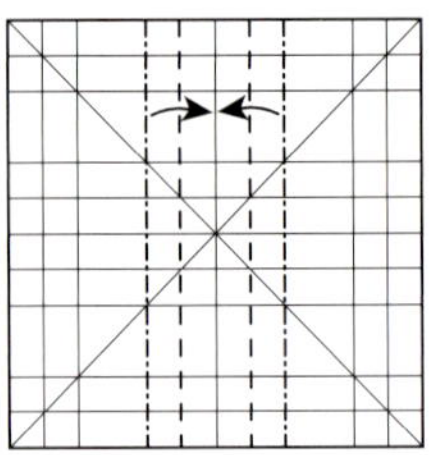

16. Falten Sie und nutzen Sie dabei die bestehenden Falze.

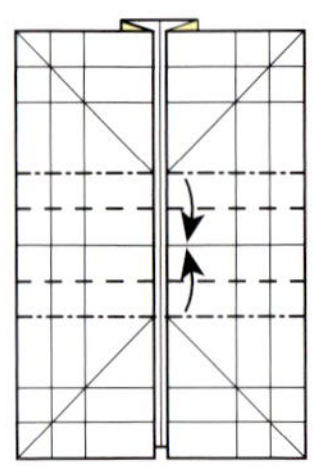

17. Falten Sie wie dargestellt.

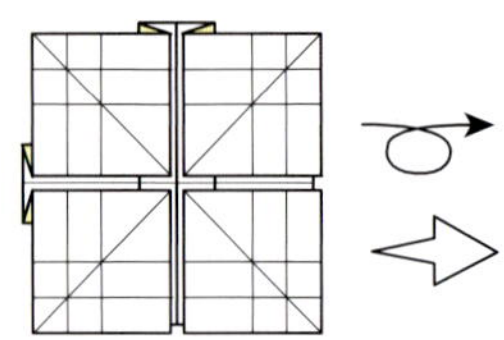

18. Wenden Sie die Form. Das nächste Bild ist vergrößert.

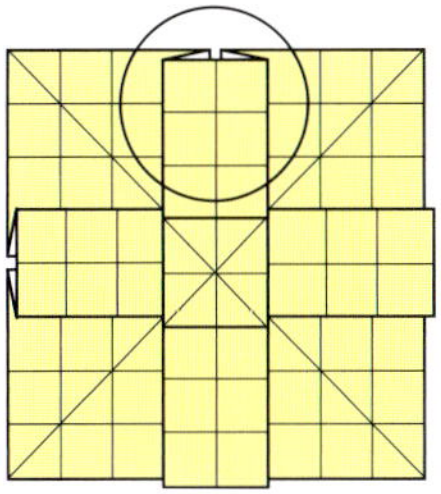

19. Das nächste Bild zeigt den mit einem Kreis markierten Ausschnitt.

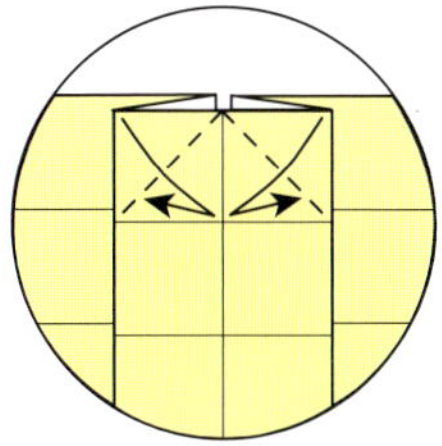

20. Falten Sie die beiden Ecken der oberen Lage und öffnen Sie wieder.

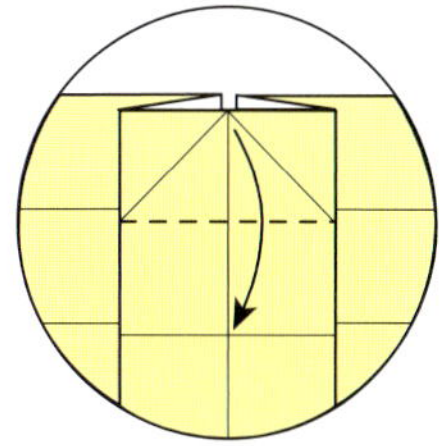

21. Falten Sie die Oberkante nach unten. Dabei klappen die Ecken auf.

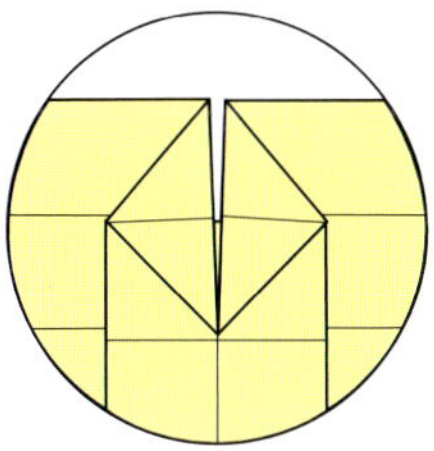

22. So sieht das Ergebnis aus. Wiederholen Sie Schritt 20 und 21 mit den anderen Ecken.

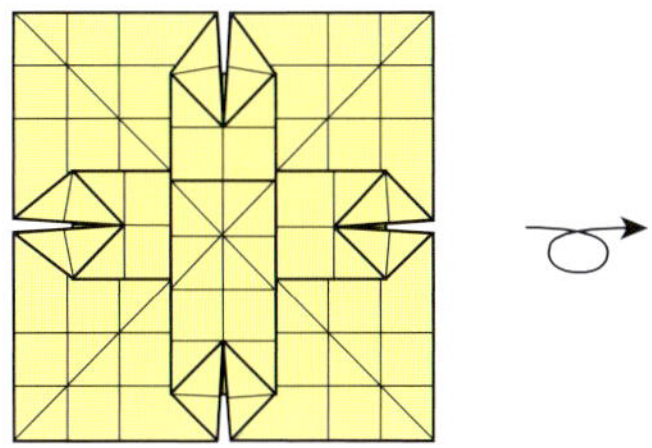

23. Sieht Ihr Modell so aus? Dann wenden Sie die Form.

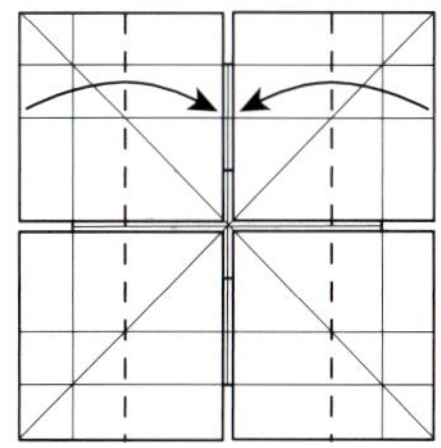

24. Falten Sie beide Kanten anhand der bestehenden Falze zur Mitte.

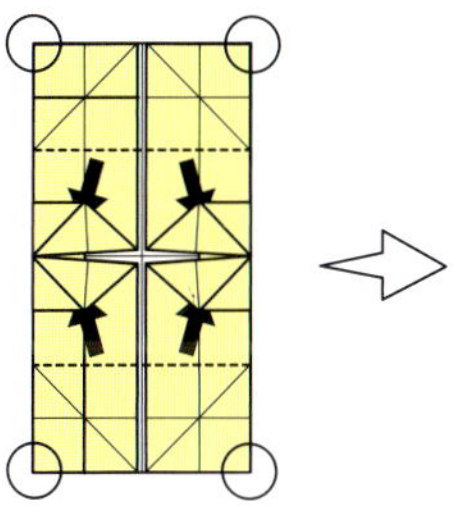

25. Falten Sie die Ecken anhand der bestehenden Falze nach innen. Die mit einem Kreis markierten Ecken stecken Sie dabei in die Taschen.

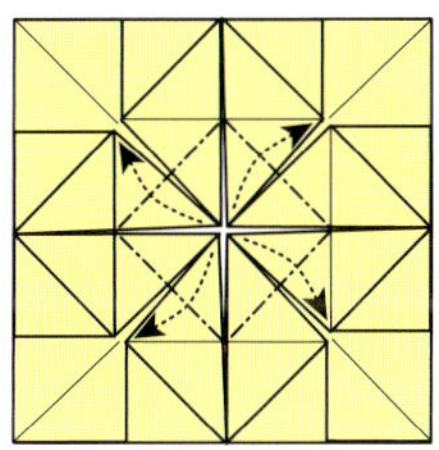

26. Falten Sie die vier mittleren Flügel in die Form hinein, um die Lagen zu verklammern.

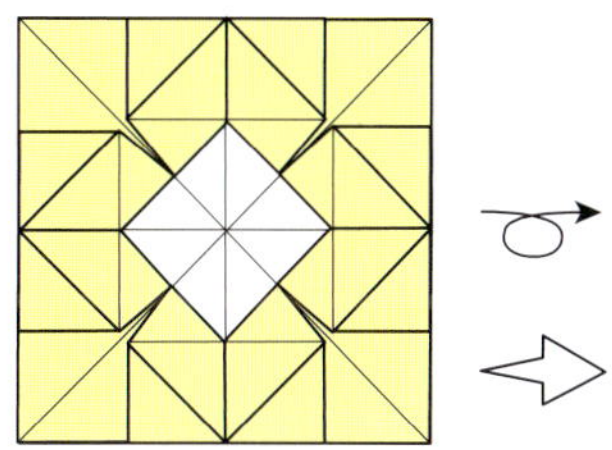

27. Nun muss die Vase nur noch in Form gezogen werden. Wenden Sie die Form.

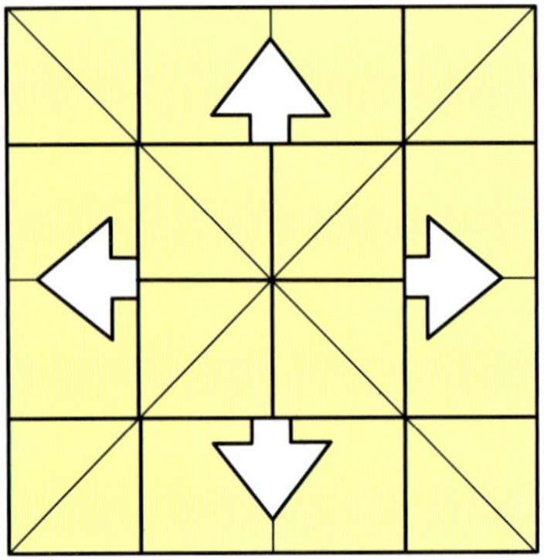

28. Ziehen Sie vorsichtig das Papier wie dargestellt an den Falzen heraus. Dabei hebt sich das Mittelquadrat an, das den Boden bildet. Ziehen Sie das Papier zuerst an den Seiten heraus, dann oben und unten.

29. So sieht das Ergebnis aus. Wahrscheinlich müssen Sie von unten mit dem Finger drücken, damit sich die Falze ausstülpen. Wenden Sie die Form.

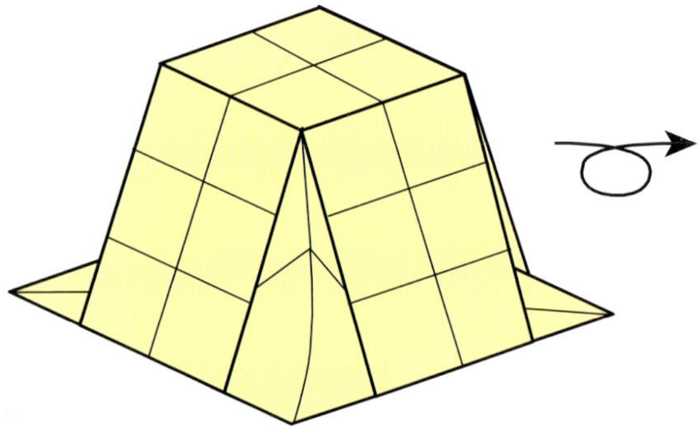

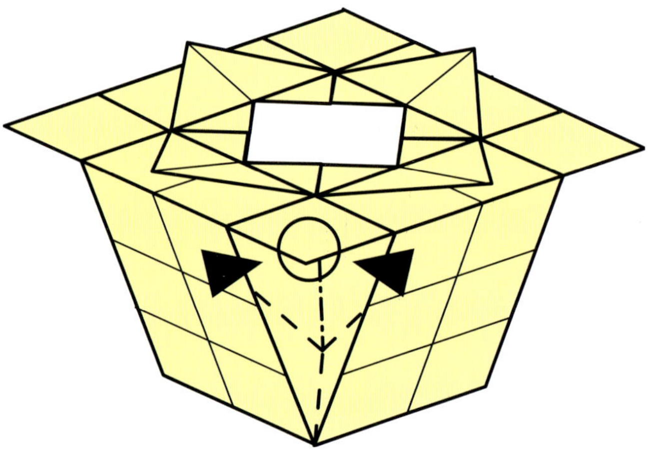

30. Schieben Sie einen Finger in die Vase und drücken Sie das Papier an der vorderen Ecke nach außen, bis es sich ausstülpt. Runden Sie die Ecke vorsichtig mit den Fingern. Wiederholen Sie dies mit den restlichen drei Ecken, bis Ihr Modell aussieht wie auf Seite 74. Verdis Vase ist fertig.

Tipps zum Weitermachen

Wenn Sie sich für die Modelle in diesem Buch begeistern konnten und Sie mehr über Origami erfahren möchten, empfehle ich meine Website:
www.origamiheaven.com

Wer mit Origami weitermachen möchte, kann sich an einen Origamiverein wenden. In vielen Ländern gibt es solche Vereine, die Treffen von Origamifans organisieren und Zeitschriften und neue Formensammlungen herausgeben. Wenden Sie sich zum Beispiel an:

Origami Deutschland e.V.
www.papierfalten.de

Origami München e.V.
www.origami-muenchen.de

Weitere Origami-Sets aus dem Fleurus Verlag:

Origami, David Mitchell, Set mit Handbuch (96 Seiten, 25 Modelle) und 80 Blatt Origamipapier, € 12,90,
ISBN 978-3-89717-312-5

Origami, Junko Hirota, Set mit Handbuch (64 Seiten, 27 Modelle) und 80 Blatt Origamipapier, ab 9 Jahren, € 12,90,
ISBN 978-3-89717-409-2

Danksagung

Ich stehe in der Schuld vieler Freunde, die ihr Wissen über das chinesische Origami mit mir teilten. Vor allem sind dies Paul Jackson, Laura Kruskal, Tung Ken Lam, David Lister, Marcia Mau, Francis Ow, Elsje van de Ploeg und Paul Slater. Ihren Rat habe ich nicht immer befolgt, war aber stets sehr dankbar dafür.

Mein Dank geht außerdem an Sylvia Shen, die mir die Erlaubnis gab, den Omega-Stern ihres verstorbenen Mannes in diesem Buch zu verwenden.